老いを読む 老いを書く

酒井順子

講談社現代新書

2759

はじめに

〝老い本〟大国ニッポン

書店に並ぶ「老いスター」

私の地元には何軒かの書店があるが、駅ビルの中にあるA書店は、中でも最も広い売り場面積を持っている。そのA書店で、ここ数年とみに棚の幅を広げているのは、エッセイコーナーである。

文芸書の棚と同程度、もしくはそれ以上の幅を持つエッセイコーナーを見ると、平積みになっている本のほぼ八割を占めているのは、高齢の著者による、老いをテーマとした〝老い本《ぼん》〟。佐藤愛子、樋口恵子、五木寛之、曽野綾子……といった〝老い本〟界のスター、すなわち「老いスター」達の本が、ずらりと並ぶのだ。

書店のエッセイコーナーではしばしば、「女性向けエッセイ」という一角があり、そこには恋愛や結婚やダイエット、メイクにファッションにアイドルといったテーマについて書かれた本が並んでいる。主に人生の前半を生きる女性をターゲットとしたそれらの本は、ピンク色を使用した装丁が多いので、棚全体から桃色ムードが漂っている。

書店によってはかなりの幅を占める桃色の「女性向けエッセイ」群なのだが、A書店のエッセイコーナーにおいて、その手のエッセイは、隅の方に追いやられている。そこでは、装丁に桃色が使われることが滅多にない老い本が多勢を占めるのであり、老い本以外のエッセイの存在感は、非常に薄い状態である。

この棚は、まさに高齢化が進む日本の現状を如実に表している。……などと思いつつエッセイコーナーに佇《たたず》んでいると、そこには次々と高齢者がやってくるのだった。七十代とおぼしき女性は、上野千鶴子『最期まで在宅おひとりさまで機嫌よく』（二〇二二）を手に取り、夢中で立ち読みをしている。また八十代と思われる男性は、吸い寄せられるかのように相続関係のエッセイを手に取り、そのままレジへ。私がそこにいたのは平日の昼間で、書店は閑散としていたのだが、エッセイコーナーだけが活気づいていた。

我が地元は東京二十三区内だが、都心でもなければおしゃれでもなければ若者に人気の町でもない、普通の住宅地である。人口は、二十三区内でも多い方の区なので、高齢者の数もまた、多い。A書店は高齢者という分厚い消費者層を、エッセイコーナーによってがっちりと摑んでいるようである。

ちなみに東京二十三区の高齢化率（総人口に占める六十五歳以上人口の割合。令和六年一月一日付「住民基本台帳」）を見ると、都心だったり、おしゃれイメージが高かったりする区ほど、高齢化率は低い。低高齢化率ベストスリーは中央区、千代田区、港区となっており、反対に高高齢化率ベストスリーは葛飾区、足立区、北区。

若い人々はおしゃれな都心に住みたがるから、という理由だけでそのような結果が出るわけではなかろう。所得が低くなる高齢者は、暮らしていく上でお金がかからない地に住みがちという傾向も、あるのかも。

全国で見ても（二〇二三年「人口推計」）、都道府県別の高齢化率は、低い方から、東京、沖縄、愛知、神奈川、滋賀という順である。沖縄を除くと、大都市圏の高齢化率が低いのだが、しかし大都市圏は、出生率もまた低い。地元で子供は生まれないけれど、他地域から若者がやってくるので、これらの地域の高齢化率は低くなっていると思われる。

そんな中で唯一沖縄は、異質な存在である。おじい・おばあイメージが強い長寿県であるというのに、東京に次いで高齢化率が低い沖縄。一方で人口千人当たりの出生率は、四十九年連続で全国一（二〇二二年）ということを考えると、全国で唯一、自県で生まれた若い世代を自県で生かすことができている県、ということになる。沖縄へ移住する若者の多さを見ても、大都市とは正反対の魅力がそこにあることがわかる。

反対に高齢化率が高い県は、自県で生まれ育った若者が都会に出る傾向が強く、それを補うほどには子供が生まれないという状況が続いていることになる。高齢化率が高いベストファイブは、一位が秋田で、以下高知、徳島・山口（同率）、青森・山形（同率）と続くのであり、大都市から比較的遠い県が目立つのだった。

老い本から見えてくるもの

そんな日本の高齢化率は、二〇二三年（令和五）時点で、二九・一パーセント。人口の約三割が高齢者ということで、日本は世界トップクラスの高齢社会となっている。少子化と長寿化が同時に進む日本において、高齢化がこの先もさらに進むことは確実である。

A書店のエッセイコーナーが老い本だらけとなっている背景には、この「世界トップクラスの高齢化率」が存在している。高齢化は一つの社会問題として語られるが、医療制度が発達している日本においては、人はどんどん長生きになっている。人は高齢になると、いつまで続くかわからない長い余生をどのように過ごしたらいいのか、という不安を抱えざるを得ないのであり、老い本の数々は、その不安を受け止める役割を果たしているのだ。

若者が紙の本を読まなくなっているのに対して、高齢者は本に対する厚い信頼を持つ世代でもある。悩みや不安を抱いた時に頼るのはネットではなく、生身の人間もしくは紙の本。今の高齢者はおそらく、本への愛情を保ち続けて人生を終えるだろう。

書店に足を運ぶという行為もまた、中高年が得意とするところである。若者は、本を買うにしてもＡｍａｚｏｎなど、ネットで買うケースが多い。対して高齢者の場合は、スマホは持っていてもＡｍａｚｏｎを使うことができない人もいれば、Ａｍａｚｏｎという巨大企業に圧《お》されている書店文化を守るべく、あえて書店に行くという人も。

Ａ書店は、そんな高齢者に対してフレンドリーな店である。Ａ書店が入るのは、駅ビルといえど、都心にあるような若者系ファッションビルではなく、素朴な地場系ビル。高齢者にとっては、雨風がしのげて様々な買い物もできてトイレにもすぐ行くことができる駅ビルは、路面の書店よりも安心できる地なのだ。

いずれにせよ高齢者達は、「書店に行って紙の本を買う人々」である。だからこそＡ書店のエッセイコーナー、と言うよりもほとんど老い本コーナーと言っていい一角は賑《にぎ》わいを見せているのであり、書店側にとっても、都心の大型書店よりずっと充実している老い本コーナーは、一つの売りとなっているのではないか。

とはいえ地元にある書店の全てが、Ａ書店のような老い本コーナーを持っているわけではない。文芸寄りの姿勢を打ち出す小規模書店では、老い本率はほとんどゼロ。雑貨も売っているちょっと今風の書店でも、エッセイコーナーにおける老い本率は、ゼロではないにせよ、さほど高くない。ターゲットによって、老い本の扱い方はかなり違いがあるのだ。

老い本を重視しているＡ書店は、一般書の他にも児童書、マンガ、参考書に旅行ガイド……と、あらゆる層向けの書籍を取り揃える書店である。家族みんなで訪れることができるタイプの書店は、高齢者にも優しいのだ。

A書店的な姿勢は、住宅地の書店においてしばしば見られるものである。また地方都市においても、A書店のように老い本の仕入れが充実している書店が目立つ。都会の大型書店や、一部マニア向け書店ではない、昔ながらの一般的な書店で老い本ラインナップがどんどん充実していくのは、日本で高齢化率がどんどん高まる現象とシンクロしている。

一方では、老い本を書く側の充実という現象も見て取ることができる。老い本を欲している読者に本を供給するのは、高齢者の気持ちを十分に知っている、高齢当事者の著者達。老い本が売れるということを知った出版社も今、老い本の執筆を高齢著者にどんどん発注している。日本では出版不況が長く続いているが、老い本の界隈に限っては、熱いブームが続いているのだ。

この現象は、日本独特のものであるらしい。海外の出版事情に詳しい著作権代理店の版権担当者に聞けば、高齢化が進んでいる先進諸国において、日本のような老い本ブームは発生していないとのこと。

老い本ブームは、一過性のものではなかろう。日本では当分の間、高齢化率も平均寿命も高水準で推移することが予測されているのであり、老い本への需要もまた、高いままであり続けるに違いない。

老い本、および老い本の著者達を検証することによって、日本の高齢者、および高齢化の今と今後が見えてくるのではないか。……と思っている私も、高齢者の範疇《はんちゅう》に入るまであと十年を切っている。そう遠くないうちにやってくる高齢者としての日々に備えるためにも、老い本の世界を探っていきたい。

目次

第三章　老いのライフスタイル

第一章　老いの名作は老いない

一　迷惑をかけたくない――『楢山節考』

七十歳の「楢山まいり」

超高齢化の時代に入って大量刊行されるようになってきた、老い本。その流れを過去へとさかのぼっていくと、深沢七郎『楢山節考《ならやまぶしこう》』に到達するのではないかと私は思っている。『楢山節考』といえば姥捨《うばす》ての物語、と日本人が今でもピンとくるほどよく知られるこの小説が世に出たのは、一九五七年（昭和三十二）のこと。中央公論社（現・中央公論新社）が創設したばかりの中央公論新人賞（現在は廃止）の第一回受賞作である。

その頃の人気作家といえば、たとえば同賞の選考委員でもある三島由紀夫や、『太陽の季節』で芥川賞を受賞した石原慎太郎など。そのようなエリート作家、セレブ作家に対して深沢は、中学卒業の学歴で、それまではギタリストの傍ら、趣味で小説を書いていた。四十二歳にして新人賞に応募し、高い評価を得てデビューするという、異色の作家である。

深沢は「受賞の言葉」において、

「年寄りが好きで、年寄りと話すことが好きなので老人をテーマにしたものを書いたのが『楢山節考』」

と書いている。最愛の母ががんで亡くなる時の体験と、古来伝わる姥捨て伝説とをベースとしてこの作品は書かれたのだが、高齢者に対する敬慕の念が、そこには込められている。

しかしこの小説は、高齢者にとっての楽園を描くものではない。むしろ、年をとるということの厳しさをあぶり出すような物語である。

舞台は信州の山中の、貧しい寒村。村では、人は七十歳になると「楢山まいり」に行く風習がある。それはすなわち口減らしのため、年寄りを山に捨てるという行為。常に食糧が不足している村では、楢山へ行くことに逡巡《しゅんじゅん》する高齢者はみっともないとみなされる。

六十九歳のおりんは、すでに楢山まいりの準備を万端整えて、その日を待っている。食い意地が張っているようでみっともないと見られる揃った歯を、自ら火打石で毀《こぼ》つほどの強い意志を持つおりんは、楢山まいりにも積極的なのだった。

長野県の千曲《ちくま》市には実際、姨捨《おばすて》という地名がある。篠ノ井《しののい》線の姨捨駅は、棚田が見える絶景とスイッチバックの駅としても有名だが、駅構内には、地名の由来となった昔話を紹介するプレートが設置されている。

そこに書いてあるのは、昔この地を治めていた、年寄りの嫌いな殿様のお話。殿様は、六十歳になったら老人を山に捨てよとの命令を民に出していた。

しかしある男は、どうしても老母を山に捨てることができなかった。密かに母を匿《かくま》っているとある時、殿様のところに隣国からやってきた男が、「灰で縄をなえ」といった難題を持ちかけ、できなければ国を攻め滅ぼす、と迫る。困った殿様が知恵を募ったところ、男の家で匿われていた老母が、見事に解決策を提示。殿様は姥捨ての命令を取り下げ、年寄りを大切にするようになった。

たとえ足腰が弱ってきたとて、長い人生経験の中で培ってきた知恵を持つ年寄りのことは、大切にしなくてはならない。……という敬老精神を涵養《かんよう》すべく、この話は伝わっているのだろう。

類似する話は、古くは平安時代の『大和物語』や『今昔物語集』にあり、また海外にも伝わっているという。姥捨て伝説は信州固有のものではなく、もちろん信州に棄老の習慣があったわけでもない。

深沢七郎も、その伝説がたまたま残る地として、信州を物語の舞台に選んだのだろう。しかし『楢山節考』のおりんは、息子から匿われるわけではなく、また殿様から救われるわけでもない。おりんは、楢山に行くことを躊躇《ちゅうちょ》する息子が涙を浮かべているのを見ると、

「涙でも出しているじゃァねえらか？　そんな気の弱いことじゃァ困ったものだ」

などと息子の尻を叩くかのように、楢山行きを促すのだ。

楢山まいりに躊躇しないおりんは、村においては理想的な年寄りだと言えよう。老人が楢山まいりに積極的か否かは、子供の生活にかかる負担の軽重を左右する。楢山まいりは老人の死を意味するわけだが、おりんのように行く気満々の老人は、「親を捨てた」という子供の心の重荷を軽くもする。対して楢山まいりを怖れ、逃げようとする老人は無理に山に連れていかなくてはならず、子に「親を殺した」という自責の念を植え付けることになるのだ。

物語の終盤、おりんは息子に背負われて楢山へ行く。折しも空からは、雪。村ではかねて、運が良い人が楢山へ行く時は雪が降ると言われており、

「わしが山へ行く時ァきっと雪が降るぞ」

とおりんも言っていたのだが、その言葉の通り、本当に雪が降ってきたのだ。

三島由紀夫の畏怖と嫌悪

『楢山節考』は、文壇から絶賛される。姥捨てという衝撃的な内容が大きな話題になり、ベストセラーにもなった。この小説は、当時の日本人の精神の奥底にある無防備な部分をえぐったのではないかと思われ、その原初的な刺激に、人々はハッとしたのであろう。

『楢山節考』が新人賞を受賞したのは、敗戦から十一年後のこと。衣食が足り、民主主義

という新しくピカピカした道具に、皆が少しずつ慣れてきた時代である。そんな時代に深沢七郎は、かつての「民」が「主」ではなかった時代の人間について記した。村では、人を増やさないために楢山まいりが行われ、嬰児《えいじ》殺しも珍しくない様子。そのような時代でも、人の優しさや他者を思う心が生き続けたことを示すことによって『楢山節考』は、ざらりとしながらも甘やかな複雑な感情を、読者にもたらした。

中央公論新人賞の選後評で三島由紀夫は、『楢山節考』について「暗い沼の底に引きずり込まれるよう」な「何かじめじめした」印象を覚える、と語っている。さらに三島は一種の「こわさ」も感じたのであり、「そのこわさの性質は父祖伝来貧しい日本人の持っている非常に暗い、いやな記憶」なのだともしている。

三島由紀夫は、乾いた理知の力、若さの美を求めた作家である。そんな三島にとって、家族のために自ら楢山に入るおりんの生々しい物語は、畏怖と嫌悪の対象となったのであろう。

『楢山節考』は一九五八年(昭和三十三)に、木下恵介監督によって映画化される。おりんを演じた田中絹代はこの時、前歯に装着していた四本の差し歯を抜いて撮影をした。また一九八三年(昭和五十八)に二度目の映画化がされた折は、おりん役の坂本スミ子が、前歯四本を短く削って役作りをしたことも、よく知られている。このような自己犠牲を伴う役作りからも、三島が言う「じめじめ」感が漂うような気がしてならない。

最後に待ち構える難行

『楢山節考』が大きな話題になったことによって、「楢山節考」＝棄老の物語、というイメージが浸透する。高齢者を施設に入れることが「現代の楢山節考」などと言われるようにもなり、古典的物語として認識されるようになるのだ。

しかしこの小説が世に出た頃と現代とでは、高齢者をめぐる事情は大きく異なっている。一九五七年（昭和三十二）当時、日本人の平均寿命は、男性六十三・二四歳、女性六十七・六〇歳。敗戦直後は、男女共に「人生五十年」という状態だったのが、敗戦から五年も経つと「人生六十年」の時代に入り、一九五七年にはそろそろ女性は「人生七十年」が見えてこようか、という時代となっていた。

今と比較すると、二十年ほど人々の寿命が短かったこの時代は、高齢化率もまた低い。六十五歳以上人口の割合を示す高齢化率は、二〇二三年（令和五）時点では二九・一パーセントと約三割を占めるようになっているのに対して、この時代は約五パーセント。戦後のベビーブームで子供がたくさん生まれた日本は、若年層は多く高齢者は少ないという、人口ピラミッドがまさにピラミッド型をしている国だった。

少数派だった高齢者は、子供やその家族と共に住むケースが多かった。そして人生六十〜七十年時代の高齢者達は、今と違って「自分は百歳まで生きるのかもしれない」とは想像もしなかったであろう。現代よりも、高齢者が抱く不安の総量がぐっと少なかった時代であり、また高齢者問題についても、社会で話題になる機会は少なかった。

そのような時代であったにもかかわらず、『楢山節考』が日本人に大きな衝撃を与えたのはなぜだったのか。……と考えると、人間が基本的に抱く、老いることや死ぬことに対する恐怖が、この物語によって浮揚したからなのではないかと私は思う。

戦争中は、老いも若きも、食べること、生きることに必死だった。戦後すぐの時代も、社会の激変に対応することに精一杯の時期が続いたに違いない。

その状況が次第に落ち着いてきた時に、深沢七郎は「老い」と「死」という運命の残酷さを、ヌルッと提示した。日本が、「これから先進国を目指す」というまだ若い国であったからこそ、人生の最後に待ち構えている難行を隠さずに書いたこの物語は、ショッキングだったのではないか。

刊行してから六十年以上が経った今、『楢山節考』が提示した高齢者の問題は、現実味を持つようになっている。おりんは自ら積極的に楢山へと向かったが、今を生きる高齢者の中にも、自然なお迎えをただ待つのではなく、自ら選んだ死を望む人は存在する。たとえば脚本家の橋田壽賀子は、二〇一七年（平成二十九）に『安楽死で死なせて下さい』という本を刊行している。

当時九十二歳になっていた橋田は、この先、認知症や他の病気になって、人に迷惑をかけることを心配している。死ぬ時期を自分で選び、尊厳を持って死にたいと思っていても、日本では安楽死を選ぶことはできない。『安楽死で死なせて下さい』の中で橋田は、自らの死を自らで選択することができる自由を得たいと主張した。

おりん六十九歳、橋田壽賀子九十二歳と、二人の間に二十三歳の年の差はあるが、両者に共通しているのは、「迷惑をかけたくない」という思いである。それは「人生百年」と言われ、自分が何歳まで生きるかわからない中で、多くの高齢者が抱く願い。橋田壽賀子は、許されるなら自身も楢山まいりをしたいと思ったのだ。

おりんは、食べるものにも事欠く寒村で、六十代にして「迷惑をかけたくない」と山へ入った。そして衣食が足りた今、人は生きていく限り「迷惑をかけたくない」と思い続けるのであり、そんな切実な思いを受け止める存在の一つとして、老い本の数々は刊行され続けているのだろう。

二　いつか、自分も──『恍惚の人』

認知症本のルーツ

認知症についての本が売れている。たとえば、『認知症世界の歩き方　認知症のある人の頭の中をのぞいてみたら？』（二〇二一）はタイトル通り、『地球の歩き方』かのように、認知症世界を旅してみよう、という本だ。

読者は旅人となって、「乗るとだんだん記憶をなくす」というミステリーバスに乗りこむ設定。認知症の人が生きている世界をバスで巡るかのように、本を読み進む。「深い霧と吹雪が、視界とともにその記憶まで真っ白に消し去ってしまう」という「ホワイトアウト渓谷」。「足元が蜃気楼のように揺れたり、色や形が変幻自在の巨大サボテンが突然行く手をはばんだりする」「サッカク砂漠」。そして「正しい時の流れの感覚を完全に失ってしまう、世にも奇妙な現代版・竜宮城」の「トキシラズ宮殿」など、様々な地を訪れることによって、読者は認知症の人が実際にどのように見て、聞いて、感じているかを知ることになる。

カラーイラストがふんだんに使用され、旅気分が募ってくるこの本は、おおいに売れた。

続編も刊行され、NHKのEテレでアニメ化されるなど、話題になったのだ。

認知症関連の本は、もちろん他にも色々と刊行されている。治療や介護、施設についてまで、認知症になったらどのようにすればよいのかを解説してくれるハウツー本。認知症にならないための、そしてなってからの食生活を指南する料理本。老い本界において無数の本を送り出し続ける無類の強肩打者・和田秀樹も『マンガでわかる！　認知症』(二〇二二)を出しているし、「週刊現代」「週刊ポスト」「週刊ダイヤモンド」など、高齢読者が多い雑誌においても、認知症は定番の題材となっている。

今は、六十五歳以上の五人に一人が認知症になるという時代。認知症に関する情報を求めている人の多さを、認知症本の多さは示している。

これら認知症についての本や雑誌は、認知症の当事者が読むものではないだろう。認知症になった家族を持つ人や、「自分も認知症になるのではないか」という不安を抱える高齢者、はたまたそう遠くない将来に高齢者になる私のような〝未老人〟などが、読者の大部分を占めているのではないか。

認知症本のルーツをたどると、一九七二年(昭和四十七)に刊行された、有吉佐和子の『恍惚の人』にたどり着く。本書はこの年だけで二百万部近く売れ、年度ナンバーワンのベストセラーに。この本の影響で、日本においては高齢者の諸問題がクローズアップされ、様々な制度ができるきっかけともなった。

主人公は、東京・杉並で家族と共に住む、四十代の立花昭子。別棟には夫の両親が住んでいるのだが、姑が急死するところから、物語は始まる。

葬儀等であわただしくしている中、昭子は八十四歳の舅《しゅうと》・茂造の異変に気づく。大量の煮物を手づかみで平らげるなど、明らかに様子がおかしいのだ。

それまで、舅の世話は姑に任せ、同じ敷地に住みつつも老夫婦とはあまり交渉のなかった昭子。しかし妻に先立たれた茂造は、以前と同じではなかった。妻の遺骨を食べようとしたり、徘徊が始まったりと、後の世で認知症と言われるようになる様々な症状が出てきたのである。

舅の介護に孤軍奮闘

今でこそ認知症についての知識が一般的になり、徘徊等の症状についても我々は知るようになった。しかし当時は、日本人の平均寿命は男性約七十一歳、女性約七十六歳という時代。認知症になる前に他界する人が多かった。

『恍惚の人』の刊行当時は、「認知症」はもちろん、それ以前に使用されていた「痴呆症」という名称も、まだ一般的ではなかった。この本の中で、茂造の症状は「耄碌《もうろく》」という言葉で表現されている。

今ではあまり使用されることがなくなった「耄碌」は、確かに昭和時代、よく聞いた言葉である。私が同居していた祖母も、

「昨日のことも思い出せないなんて、私も耄碌したものですよ」

などと言っていたものだ。

耄碌の「耄」とは、八、九十代の老人の意。「碌」は、小石がごろごろしている様や、役に立たないことを示す字。……ということで、「耄碌」は、加齢による心身の衰えを示す言葉である。昭子は、茂造の〝耄碌〟が次第にエスカレートしていくのを見て、不安を募らせる。当時は、『認知症世界の歩き方』のような解説書など、あるわけもない。急に謎の言動を見せるようになった舅を前に、昭子もまた混乱を深めていく。

茂造の言動は、もはや「耄碌」の域を超えているのではないか。……と不安を募らせてある医師に問い合わせると、

「老人性痴呆ですね」

との返答が。それは、昭子夫婦が初めて聞く言葉であり、一種の「文明病」だと医師は言うのだった。

処方された鎮静剤も次第に効かなくなってくると、昭子は次に、地域の福祉事務所に連

絡する。茂造を施設に入れた方が良いのではないかと老人福祉指導主事に相談すると、老人性痴呆は「老人性の精神病」なので、

「どうしても隔離なさりたいなら、今のところ一般の精神病院しか収容する施設はないんです」

と言われるのだった。

昭子は、この時代には珍しく、家族を持ちながらもフルタイムで働く女性である。しかし夫は、父の世話を昭子に任せきりという昭和の男。夜中に起こされて下の世話をするなど、昭子の体力は削られていく。

そんな窮状を主事に訴えても、

「誰かが犠牲になることは、どうも仕方がないですね」

「主婦の方に、しっかりして頂くより方途がないんです」

と言われるのみ。主事も、「老人問題は今のところ解決の見通しというのはないくらい深刻」という認識は持っているのだが、目の前で困っている人を救う制度も法律も、当時は存在しなかった。

かくして昭子は、舅の介護に孤軍奮闘することになる。夫は、父親の症状を見る度《たび》にショックを受けるだけで手は貸さず、仕事を休むこともない。対して昭子は仕事を休み、舅

と同じ部屋に寝て夜通し面倒をみる等、献身的な介護を続けるのだった。

同居家族は「福祉における含み資産」

『恍惚の人』は、認知症の実態、そして認知症の老人を介護する家族の実態を描くとともに、「この時代の家族のあり方」を示す小説でもあった。明治生まれの夫に、奴隷のように尽くした姑。若い世代の昭子は、結婚・出産後も働き続けることで自身の意思を示したものの、いざ介護となると、夫は限りなく及び腰であり、昭子もまた、夫に介護を強要することはしない。

一九七八年(昭和五十三)の『厚生白書』には、同居家族は「福祉における含み資産」と記されている。老人介護などを同居の家族が担うことが、国にとっては「含み資産」なのだとされているのだ。

この場合の家族とは、ほとんど「嫁」のことを指していたと思われる。男性が働き、女性が家の中のことをするという家族モデルが推奨されていた日本において、嫁達の無償労働を、国は大いに期待していた。

昭子もまた国の思惑通りに、ほとんど一人で介護をやってのけ、最後は茂造を看取ることになる。昭子の心身が頑健であり、また茂造が認知症発覚後、そう長くは生きなかったので大事には至らなかったが、この時代に長い介護の日々を過ごして心身の健康を損ねた嫁達は多かったことだろう。

しかし意外なことに、作者の有吉佐和子は、「介護は家族で担う方《ほう》がよい」との考えを持っていたようである。『恍惚の人』刊行後、高峰秀子と「潮」で行った対談では、「日本のように、おじいさん、おばあさん、孫が一緒に暮らすことが、いちばん老化を防ぐいい方法」「私は絶対、核（家族）反対ね」「このごろ、ヘンな舅や姑がでてきて『嫁や息子の世話にはならん』なんて、冗談じゃない」などと、熱く語っているのだ。

嫁だけが老人の面倒を見ることの不公平さを『恍惚の人』は訴えながらも、著者は介護を国が担うべきだと思っているわけではない。三世代同居をした上で、嫁だけでなく、家族皆が介護を担えばよいと考えているのであり、「含み資産上等」という感覚なのだ。

そんな有吉の思いは今、叶えられてはいない。家族だけで介護を担うことの困難さは、その後ますます顕著となり、二〇〇〇年（平成十二）には介護保険制度が施行されることに。介護は家族が行うべきものという感覚は、薄れている。

また『恍惚の人』には、

「老人ホームに親を送りこむっていうのは気の毒ですよねえ」

との台詞《せりふ》もあり、この時代の人々は、老人ホームに親を入れるのは姥捨て的行為だとの意識を強く持っていたことが理解できる。しかしそれから日本人の平均寿命がどんどん延びるにつれ、家で高齢者を看《み》ることの困難度も上がっていく。ニーズに応じた様々なタイプの高齢者施設が増えたこともあり、親を施設に入れることは一般的になり、「送りこむ」「気の毒」という感覚ではなくなってきた。

「痴呆」への恐怖

かつて私は何度か『恍惚の人』を読んだが、五十代の〝未老人〟となった今、改めて読み返してみて迫ってくるのは、昭子夫妻が抱く「痴呆」への恐怖である。夫妻は、茂造の症状が深まる度に、自分達もああなるのではないかと怖れを深めるのであり、それは茂造の行動を見た高校生の息子から、

「パパも、ママも、こんなに長生きしないでね」

と言われて以降、ますます昂じる。

若い頃に『恍惚の人』を読んだ時は、茂造の痴呆症状や、昭子の献身ぶりにただ驚いていただけの私だった。しかし今、夫妻が抱える恐怖と不安は、自分が抱くものと同じ。おそらく一九七二年（昭和四十七）の日本人達も、この本がパンドラの箱を開けたことによって、痴呆症（当時）への恐怖、年をとることへの不安を発見してしまったのだ。

著者の有吉佐和子が本書を書くきっかけとなったのもまた、老いへの怖れだった。当時の有吉は、介護経験を持っていたわけではない。しかし「波」で行われた文芸評論家の平野謙との対談では、三十五歳の頃から記憶力の衰えを感じるようになったと有吉は語る。

それまでは「読んだものを忘れたことがなかった」というのに、忘れるようになって「大ショック」を受けた有吉。そこで彼女は、まだ新しい学問だったジェロントロジー（老年学）の勉強を始める。六年間勉強を続けた結果として書いたのが、『恍惚の人』だった。

有吉の場合、老いへの怖れを抱きはじめたのが、いささか早すぎたきらいはある。しかしその感覚は、日本人がその後どんどん膨らませていくことになる老いへの怖れを予知したものだった。

『恍惚の人』から約十年後、佐江衆一は『老熟家族』（一九八五）を書いている。息子一家と同居することになった、老夫婦。それまでずっと核家族で過ごしてきた孫達は祖父母を邪険にし、親達はうろたえるばかり。やがて痴呆症の祖母は殺されてしまう、という壮絶な小説である。佐江はやがて、自らの介護体験をベースにして書いたやるせない老老介護小説『黄落』（一九九五）を書いてベストセラーとなったのであり、これらの小説は、『恍惚の人』以降、痴呆に対する恐怖が強まっていったことを示していよう。

二〇〇四年（平成十六）には、「痴呆」が侮辱的表現であり、実態に合っていないということで、「痴呆症」は「認知症」と呼び替えられることになった。が、名称変更によって恐怖が軽減されたわけではない。日本人の平均寿命は延伸を続け、認知症患者も増加を続けているのであり、「いつか、自分もなるかもしれない」という感覚もまた強まり続けているのだ。

『恍惚の人』の終盤では、将来の日本では少子化、高齢化が進み、「生活力を持たない四人の老人を、一人の若者が養わなければならない大変な時代がくる」と書かれる。まさにそのような世に日本はなりつつあり、現在のような老い本ブームの五十年以上前に、有吉佐和子は一人で老い本ブームを起こしていたと言えよう。

優しいタッチの「ぼけ」

今、認知症本の世界を覗いてみると、人々の恐怖心をなだめるような本が多い。ベストセラーとなったマンガ『大家さんと僕』(二〇一七)にて、高齢者との相性の良さを示した矢部太郎は、認知症専門医の長谷川嘉哉が原案の『マンガ　ぼけ日和』(二〇二三)を刊行している。こちらでも『認知症世界の歩き方』と同様、認知症患者がどのように感じているかが、優しいタッチのマンガで描かれている。

『ぼけと利他』(二〇二二)は、身体感覚を通して物事を見る著書が多い美学者の伊藤亜紗と、福岡で宅老所の所長を務める村瀬孝生の書簡集。村瀬は、一般的に認知症と言われる症状は病気ではなく「正常なこと」だと認識しており、それ故《ゆえ》に本書のタイトルにも、「認知症」ではなく「ぼけ」という言葉が使用されている。ここでは、「ぼけ」は自然な、正常な現象として捉えられ、自然にぼけゆく人に自然に寄り添う中での発見の数々が記されるのであり、その感覚は『ぼけ日和』とも共通するものであろう。

『恍惚の人』の大ヒットで「老人性痴呆」という言葉が人口に膾炙《かいしゃ》したことによって、日本では自然現象のように捉えられていた「耄碌」が、病気として認識されるようになった。『恍惚の人』は、痴呆症という病に罹患した多くの老人が放置されていることに対して、

「なんてこった！」

という叫びをあげる役割を果たしたのだ。

それから、半世紀。介護保険制度ができ、痴呆症は認知症と呼ばれるようになり、認知症へ抱く人々の恐怖心と不安は、強まり続けている。そんな時代に認知症を病気の範疇から自然現象の範疇、つまり「耄碌」の方面へと戻そうという動きが見られるようになったのは、認知症に対する人々の不安と恐怖があまりに高じたからではないか。

高齢者が書いた老い本がどんどん出版される今だが、認知症（もしくは「ぼけ」）当事者が書いた本は少ない。病気の性質上、認知症患者を他者から見た姿が記されることが多いわ

けだが、次第に当事者本も目立つようになってきた。たとえば『ボクはやっと認知症のことがわかった　自らも認知症になった専門医が、日本人に伝えたい遺言』（二〇一九）は、認知症の権威である医師の長谷川和夫が認知症の当事者となって著し（猪熊律子との共著）、ベストセラーとなる。

永井みみ『ミシンと金魚』（二〇二二）は、認知症の「あたし」が、自身の壮絶な過去、そして困難だらけの現在を語る小説である。彼女の人生に「山」は少なく、谷に次ぐ谷ではあるのだが、著者がケアマネージャーをしていた時に執筆されたこの小説は、生きることへの輝く希望を、最後に読者にもたらす。小説が、認知症当事者を描くのに適した手法であることを知らしめる書なのだ。

『老いの正体　認知症と友だち』（二〇二二）は、昭和の流行作家・森村誠一が、自身の老人性うつ病、認知症、老いについて説いた書だ。うつ病との壮絶な戦いを乗り越えた後、認知症と仲良くなって前向きに生きようとする著者。老いと戦い、克服しようとした末に、著者は認知症と共に歩むようになっていく。

桐島洋子、桐島かれん、桐島ノエル、桐島ローランドの共著である『ペガサスの記憶』（二〇二二）もまた、印象的な当事者本である。前半は母の洋子が自身の半生について綴っているのだが、途中からかれん、ノエル、ローランドという三人の子供達が筆を継ぎ、母親が認知症になって原稿を書き続けることができなくなったことを含めて、母との思い出を綴っていく。

桐島洋子といえば、一九七六年（昭和五十一）に『聡明な女は料理がうまい』がベストセラーとなり、聡明な女ブームを巻き起こした人。高齢になった後も、『聡明な女は愉しく老いる』（二〇二〇）等の老い本を刊行している。常に行動的で、人生の楽しさを享受していた印象の桐島洋子だっただけに、認知症の公表には驚いた人も多かった。

しかし『ペガサスの記憶』を読むと、認知症を公表することもまた聡明さの一つの現れのように思われてくる。彼女が産み育てた三人の子供が、親の認知症を自然に受け止める様子が、その事実を証明しているかのようであり、桐島洋子の老い方は、認知症は隠さなくてもよいことなのだという感覚を、これからの世に広めていくのだろう。

三　マンガが見つめる孤独――『いじわるばあさん』

本名は「伊地割石」

老い本の隆盛は、活字の本のみにおいて見られるわけではない。マンガの世界でも、高齢者が登場するマンガは数多く描かれ、ヒットしている。子供の頃から当たり前のようにマンガを読み、また大人になってもマンガを読み続けた世代が高齢化してきたという事実が、その背景にはあろう。

振り返れば我が国には、〝老いマンガ〟の古典である長谷川町子『いじわるばあさん』（一九六八～一九七二）が存在する。マンガの主人公として高齢者を設定する土壌は、五十余年前からできていたのだ。

この作品の連載が「サンデー毎日」でスタートしたのは、一九六六年（昭和四十一）のことだった。長谷川は、同誌でかつて『エプロンおばさん』を八年間連載しており、また、朝日新聞には『サザエさん』を描き続けてもいた。

『サザエさん』も『エプロンおばさん』も、子供が読んでも無害なホームマンガである。しかし、

「読まれる方は、無害でもかくほうは、取材はんいが、かぎられているから四苦八苦です」

と『サザエさん　うちあけ話』（一九七九）にはある。そんな「ヒューマニズムに、あきていたところに」描いたのが、『いじわるばあさん』だった。

かつて、外国マンガ『いじわるじいさん』を読みつつ、「主人公は、おバアさんのほう

が、グッと迫力あるのになァ」と長谷川は思っていたのだそう。「老人ホームで、つかみ合いのケンカをするのは、きまっておバアさん」。おばあさんは「感じょう的で、生命力があります」と思っていたということで登場したのが『いじわるばあさん』だった。

連載開始当初から人気を博し、『サザエさん』の単行本は初版が各十五万部だったのに対して、『いじわるばあさん』の初版は二十六万部だったと、同書にはある。では『いじわるばあさん』は何故《なぜ》、それほどまでにうけたのだろうか。

いじわるばあさんの名前は、伊地割石《いじわるいし》。おそらくは明治二十年代の生まれで、連載当時は七十代半ばといった想定か。

女学校を出ているお石は、当時の高齢女性としては学歴が高い。息子が四人いるのだが、長男は商社の部長、次男は開業医、三男は締め切りに追われるマンガ家……ということで、息子達も皆成功した、ハイクラスに属する一家と言っていいだろう。長男一家と暮らしているお石は、恵まれた老後を過ごしているのだ。

しかしお石は、生来のいじわる気質を持っている。『いじわるばあさん』の連載が始まったのは、『楢山節考』より十年ほど後だが、おりんばあさんのように、家族や地域共同体のために自己を犠牲にしようとする姿勢は、彼女には皆無なのだ。

かねて日本女性の多くは、自分の意思は押し殺し、他者の役に立つようにと教育されてきた。しかしお石は人生の中心に自分を据え、他者に不利益を与えてでも、自身の欲求の充足を優先させている。

気に食わない相手に痛烈ないじわるをしてのける、お石。高齢者でかつ女性ということで、優しくて当然と思われているおばあさんの行動だからこそ、そのいじわるは際立つ。

お石のいじわるは、「正直」という性質に根ざすものも多い。たとえば、

「タクシーでムチウチ症に」

と言うばあさん友達に対して「ンまあ!!」と驚く、お石。しかしお石はタクシー事故に驚いたのではなく、

「あんたもタクシーにのることあンの?」

と驚いたのであり、その後ばあさん二人は取っ組み合いに……。

普通の人であれば、思っていても言わないことを、お石は平気で口に出す。周囲に同調したり忖度《そんたく》したりしなくてはならず、自身の意思をはっきり表明しづらい日本社会において、お石の言動は読者をスカッとさせたのだ。

高齢者との同居で生じる軋轢

『いじわるばあさん』の連載は、有吉佐和子『恍惚の人』の刊行よりも六年ほど早く始ま

っているが、このマンガは日本の高齢者問題も、すでにあぶり出している。

お石は基本的には長男一家と同居しているが、たまに長男は他の兄弟に頼み込み、息抜きのためにお石を引き取ってもらうことがある。一種のたらい回し状態と言ってもいいだろう。

開業医である次男の家に住んでいる時、新聞を読んでいた次男の妻が、

「あ〜た〜（＝あなた）、たいへん!!」

と、金切り声を上げる。お石が仕込んでおいたゴキブリに驚いたのかと思いきや、

「またとしよりのじゅ命がのびたんですってヨ！」

と妻。新聞には「男68才　女73才」と書いてあったのであり、次男も、

「オレも読んだ、もんだいだぞ」

と困り顔……。

その様子を見たお石は、「シューン」となっている。同居している息子夫婦が、平均寿命延伸というニュースにぞっとしているという事実に、さすがのお石も落ち込んだのだ。

戦後すぐの頃までは、戦争の影響もあったにせよ平均寿命は男女ともに五十歳前後で、まさに「人生五十年」だった日本。その後は急速に寿命が延びていくが、高齢者と同居する家族にとって、それはただ目出度《めでた》いだけのニュースではなかった。

長谷川町子は当時、四十代後半だった。『サザエさん』のフネも四十代後半という設定ではあったが、それは『サザエさん』の連載が始まった頃の感覚での年齢である。女性の平均寿命が七十三歳になっていた『いじわるばあさん』執筆当時、長谷川町子はまだ自身が高齢者だという感覚を持ってはいなかっただろう。

しかし長谷川は、お石と同世代である、自身の母親と同居していた。母親は、家族から「ヒットラー」「ワンマン」と呼ばれるほど、自身の意思を曲げない人物。高齢者と同居することの大変さを、長谷川は知っていた。

評論家の樋口恵子は、著書『サザエさんからいじわるばあさんへ　女・子どもの生活史』（一九九三）の中で、平均寿命が延びるにつれて日本の家庭に浮上した諸問題が『いじわるばあさん』には描かれている、と指摘する。『サザエさん』の連載が始まった人生五十年時代は、人は孫が大きくならないうちに、世を去っていた。しかし寿命が延びると、大きく成長した孫と祖父母が同居することになり、そこに軋轢《あつれき》が発生する。子供夫妻との同居も長期化し、子供夫妻もまた老齢化していく、という問題も。

「『いじわるばあさん』世代は孫との人間関係はもちろん、息子とも嫁とも、かくも長期化した家庭内人間関係の調整に直面する最初の世代である」

と、樋口は指摘する。

私事になるが、私が生まれた時から同居していた祖母がまさに、お石ばあさんと同世代の、明治の女だった。我が母は、結婚と同時に姑と完全同居した最後の世代。祖母は九十九歳まで生きたため、樋口の指摘通り、祖母は成人した孫とも同居し、「長期化した家庭内人間関係の調整に直面」していた。

『いじわるばあさん』では、高齢者の孤独についても、触れられている。お石は長男家族と同居しているので寂しくなどないと思いきや、実はかなり孤独を感じているのだ。

たとえば、家族で旅行に行くので犬を預かってほしい、とお隣さんに頼むお石。しかし実はお石は、家にいる。

「世間てい(=世間体)てもんがあらァ、さそってくれないなんて言えますか」

と、一人でカンヅメなどを食べて涙ぐんでいるのだ。

『いじわるばあさん』の連載が始まった年に、日本では「敬老の日」が設定されたのだが、お石はこの行事にも懐疑的。敬老の日の会合で「おとしよりほど大切なものはございません!」とスピーチする紳士に対しては、

「あの人のおっかさんは泣きながら死んだもんだ」

とつぶやく。昼食の時は、

「よっぽどねぎったね、このオリヅメのまずいこと」

と渋い顔。余興の踊りに対しては、

「けっきょくてめえが出ておどりたいのサ」

と下を向き、

「敬老の日なんて若いものの自己まんぞくだヨ」

と、一人帰途につく……。平均寿命の延伸におののく一方で、「老人を敬《うやま》え」と国が指示する欺瞞《ぎまん》を、長谷川町子は鋭く突いている。

長谷川はこのように、高齢化社会が本格化する前に、高齢化問題の萌芽を『いじわるばあさん』に描いていた。同時に、「おばあさん」「おじいさん」という言葉の中に押し込められ、人格や個性を無視されがちな高齢者も、欲望や悪意といった様々な感情を抱く「人間」であることを、お石の姿を通じて示したのである。

中高年の性愛を描いた『黄昏流星群』

『いじわるばあさん』の連載が一九七一年(昭和四十六)に終了した後、日本のマンガ文化は、おおいに盛り上がっていく。一九五〇～六〇年代に次々と創刊された少年少女向けのマンガ誌は、子供たちのハートを摑むことに。またその世代が成長していくにつれて、青年向けのマンガ誌も次々に登場した。

大人になっても人々がマンガを読み続ける世において、次に私がマンガと老いの接点を見たのは、弘兼憲史『黄昏流星群』（一九九六〜）においてである。一九四七年生まれの弘兼は、『50歳からの時間の使い方』（二〇一八）『弘兼流　60歳からの手ぶら人生』（二〇一六）『人生は70歳からが一番面白い』（二〇一八）といった年代別の加齢本や、『弘兼憲史流「新老人」のススメ』（二〇一六）『俺たちの老いじたく　50代で始めて70代でわかったこと』（二〇一九）等、数々の老い本の著者としても知られている。そんな彼はマンガの世界においても老いマンガをいち早く描いており、『黄昏流星群』の連載が始まったのは、一九九五年（平成七）のことだった。これは中高年の恋愛、性愛を描いたマンガであり、連載は現在も続いている。

ちなみに『黄昏流星群』の連載が開始された前年の一九九四年（平成六）には、サントリーオールドのコマーシャルにおいて、「恋は、遠い日の花火ではない。」というコピーが注目された。それは、中年の男女が、若い異性からそこはかとない好意を示されて心ときめく、というコマーシャルのコピーだったのであり、男性バージョンは長塚京三（当時四十九歳）、女性バージョンには田中裕子（当時三十九歳）が登場。世の中高年の心を震わせた。

時は、バブル崩壊直後。バブル時代に良い思いをした中高年が「まだいける」という意識を持ち続けていたことから、サントリーオールドのコマーシャルや『黄昏流星群』は、生み出されたのではないか。

ちなみに弘兼は、『黄昏流星群』の連載スタート時点で、四十代後半。『いじわるばあさん』の連載を始めた時の長谷川町子と同年代だった。五十代間近の頃というのは、老いを最初に意識する時なのかもしれない。

弘兼はまた、代表作『島耕作』（一九八三〜）シリーズにおいても、老いを描いている。長年にわたって連載されるマンガでは、登場人物が同じ年頃のままで物語が推移するケースもあるのに対して、『島耕作』シリーズの登場人物達は、加齢する。弘兼がかつて勤めていた松下電器をモデルとした初芝電器産業（その後、「ＴＥＣＯＴ」に改名）に勤める島耕作は、課長、部長、取締役……と、着々と出世していくのだ。

ついには社長に就任する、島耕作。さらには会長、相談役と企業人出世すごろくを進み、現在は『社外取締役　島耕作』（二〇二二〜）の連載が続いている。

一九七〇年（昭和四十五）に初芝電器に入社している島耕作は、戦後のベビーブームに生まれた団塊の世代、すなわち弘兼と同世代である。島耕作は弘兼にとって、共に老いていく分身のような存在なのであろう。そして読者は、かつては若かった島耕作が出世をしたり、女性とのあれやこれやがあったり、次第にシワや白髪が増えていったりする様に（島耕作はハゲない）、「もし自分が出世していたら」という思いを重ねるに違いない。

シニア向けの老いレーベル

女性マンガ家の世界に目を移すと、里中満智子、萩尾望都、大島弓子、一条ゆかり、竹宮惠子、山岸凉子……と、かつて少女マンガ誌で活躍したスター女性マンガ家達は、弘兼と同様に団塊の世代である。が、彼女達はあまり老いを描かない。夢を描くのが少女マンガだからなのか、団塊世代の少女マンガ家達は、老女マンガには手を染めないのだ。

老女が描く老女マンガとして注目されているのは、齋藤なずな『ぼっち死の館』(二〇二三)だ。一九四六年(昭和二十一)生まれの齋藤は、弘兼らと同じ団塊の世代のマンガ家である。

『ぼっち死の館』の舞台は、一人暮らしの高齢者ばかりが住む古い団地。猫に餌をやるおばあさん、何かと怒り散らすおじいさん、おばあさん達に「DJJ」(ダンカイ ジーンズ ジジイ)と陰で笑われながらも、知性派を気取るおじいさん。……様々な背景を持つ高齢者がこの団地では暮らし、時に助け合い、時に言い争い、そして時に一人で死んでゆく。

作者本人とおぼしきマンガ家も、そこには登場している。当事者だからこそ描くことができる孤独感や人の温《あたた》かみが、この作品からは立ちのぼるのだ。

ちなみに『ぼっち死の館』は、小学館の「ビッグコミックスフロントライン」というレーベルから出ているのだが、こちらはシニア世代向けのマンガを刊行する新レーベルである。老い、終活、介護、看取り……といったテーマのマンガがシニア層に必要とされている、ということからできたこのレーベル。老いレーベルまで出たということは、これからマンガの世界でもますます、老いをテーマにした作品は増えていくのだろう。

『ぼっち死の館』に登場する、作者を思わせる女性マンガ家は、七十代半ば。社外取締役の島耕作や、いじわるばあさんと同じ年頃である。七十代はまだアクティブなのであり、物語に描きやすい世代なのだ。

しかし同じ年頃でも、『いじわるばあさん』の時代と『ぼっち死の館』の時代とでは、七十代の生き方はずいぶん変化している。『いじわるばあさん』の時代は、親が老いたなら子と同居、という感覚がまだ存在していた。だからこそお石は長男と同居し、時にたらい回しの目にも遭うことに。お石が抱えるのは、家族と一緒にいるのに自分だけがひとりぼっち、という孤独感である。

対して『いじわるばあさん』から六十年近く後に描かれた『ぼっち死の館』で団地に住む高齢者達は、子供と同居するなどということは、考えていない。配偶者に先立たれたり、生涯独身だったりと様々な理由で団地に一人暮らしをする高齢者は孤独ではあるが、しかし団地で同じ境遇の人と助け合ったり励まし合ったりという互助活動も、自然発生的に行われているのだ。

一人でいる時の孤独よりも、誰かと一緒の時に感じる孤独の方が深いと言うが、高齢者もまた同じ。お年寄りは家族が面倒を見るべき、という規範があった時代の高齢者よりも、ギリギリまで自分でどうにかしようともがくことができる現在の方が、高齢者は生きやすいのかもしれない。

今、日本では高齢故の孤独や不安を高齢のマンガ家が描き、高齢の読者が読む時代が到来している。これもまた、高齢化先進国かつマンガ先進国ならではの互助活動と言うことができるのかもしれず、今後マンガで救われる高齢者は、ますます増えていくに違いない。

四　古典の老いと理想――『竹取物語』『枕草子』『徒然草』『方丈記』

老人と子供

子供が、人生で初めて接する本。それは日本で生まれ育った人の場合、老い本であるケースが多い。

たとえば「桃太郎」「かぐや姫」「一寸法師」といった昔話は皆、おじいさんとおばあさんが、小さな子供と、ちょっと変わった出会い方をするところから物語がスタートする。日本の子供達が親しんできた昔話の数々に登場するのは、おにいさん・おねえさんやおじさん・おばさんではなく、おじいさん・おばあさん。それらは、夫婦の老後生活に訪れた椿事《ちんじ》を描いた話なのだ。

いやいや今の子供達は、桃太郎だかぐや姫だといった昔話よりも、『アンパンマン』の方が好きなんですよ、という話もあろう。が、『アンパンマン』もまた、老人と子供の話である。ジャムおじさんは、名前こそ「おじさん」だが、見た目はおじいさん。パン工場でジャムおじさんが作ったパン達が活躍することによって物語は進むのであり、こちらもまた老人とその子供によって、物語が展開していく。

老人と子供の組み合わせからは、何かが起こる。……これは、旧約聖書においても同様である。「創世記」には、アダムとイブから始まる人類の草創期の様子が描かれるが、大洪水で生き残ったことで有名なノアの息子であるセムは、百歳の時に息子をもうけているし、ノアの子孫のテラも七十歳の時に子供をもうける。さらにその子・アブラムとサライの夫婦には長年子供ができず、夫が百歳、妻は九十歳の時に、男の子（イサク）が誕生している。

創世記では、ほかにも超高齢夫婦が子供を持つ話が目白押しなのだが、もちろんそれは神話的世界における誇張というものであろう。百歳超にして子をなしたというのは、当時においては異例なほどの高齢で子供を産んだ人がいた、ということを示しているのではないか。

超高齢出産の連続によって血脈が繋がっていく、創世記。おじいさんとおばあさんのもとに、桃や竹から子供がもたらされる、日本の昔話。それらを見れば、老人のところにひょっこり子供が現れて何かが起こるというストーリーは、洋の東西南北や時代を問わず好まれていたことがわかる。

それらは一発逆転ストーリーとして人気があった、と考えることもできる。旧約聖書の時代であれ、日本の昔話の時代であれ、人にとって子を持つことは、今よりもずっと重要な意味を持っていたはず。今のように「子を持つも持たないも個人の自由」ではなく、一族の血を絶やさぬために生きることが当然視されていた時、子供のいない老夫婦のいたたまれなさは、想像を絶するものだったに違いない。

その時に、桃太郎なりイサク（アブラムの息子）なりといった子供ができることによって、老夫婦の世界は激変する。老いてから、彼等の人生はピークを迎えるのだ。

「老いたくない」思いの強さ

『竹取物語』を、見てみよう。平安初期の成立と考えられているこのお話は、紫式部も「物語の出で来はじめの祖《おや》」と書いたように、日本の最初期の物語の一つである。

竹の中から発見され、翁《おきな》と嫗《おうな》に大切に育まれたかぐや姫は絶世の美女に成長し、多くの男性から求婚される。しかしそんな男性達に姫は無理難題を言い渡し、決して結婚しようとはしない。

やがては帝までもが、かぐや姫に求婚。二人は文のやりとりをするものの、姫は月に戻っていってしまう。……ということで、「物語の出で来はじめの祖」はかなりぶっ飛んだSFなのだが、同時にこれは、老いを考えさせる物語でもある。

月からやって来たかぐや姫は、

「月の都の人はとても美しく、老いることがありません」

と言う。しかしいざ月に帰る時が来ると、姫は悲嘆に暮れる。生病老死といった苦しみとともに生きている、地球人。そんな地球で暮らすうちに彼女の中には情が芽生えたのであり、老い衰えたおじいさん、おばあさんと共にいられないことがつらいのだ。

この物語は、当時から、人々がいかに「老い」を厭《いと》うていたかを伝えている。「老いたくない」という人間の思いが強かったからこそ、『竹取物語』の作者は、空の彼方の理想郷である月の人は老いない、という設定にしたのだろう。

結局、かぐや姫は月に戻っていったが、実はおじいさんとおばあさんには、かぐや姫と共にもたらされていたものがあった。竹の中からかぐや姫を発見して以降、おじいさんは、節と節の間に砂金が詰まった竹を何度も発見する。きっと月からもたらされた、かぐや姫の養育費だったのだろうが、老夫婦はその結果、すっかりお金持ちになっていたのだ。

姫は去ってしまったけれど、おじいさんとおばあさんには経済的な豊かさがもたらされていたので、老後は安泰。このように、おじいさんおばあさんが子供を得ると、老夫婦の余生は保証されがちなのだ。

とはいえそれは、物語の中だけの、夢のような話である。現実には、子供がいようといまいと、高齢になるにつれて苦境に立たされる人が多かったからこそ、物語にはレアケースとしての幸せな老人が描かれたのではないか。

姥捨て系の物語もまた、高齢者の苦境を伝えている。『楢山節考』の節でも紹介した、長野県の姨捨辺りに伝わる棄老伝説のベースとなるのは、『今昔物語集』などに収められる天竺の話である。年寄りは他国に流すことにしていた国が、他国に滅ぼされそうになった時、匿われていた年寄りの知恵に助けられた、というあのお話。食糧が豊かでなかった時代は、食い扶持《ぶち》が一人減るか増えるかが大きな問題だったのであり、だからこそ棄老物語が語られたのだろう。

知恵を持った高齢者が、その知恵をもって下の世代を助ける、という話は多く残っており、『竹取物語』にもその手の人物が登場する。「高齢者は、若者にはない知恵・知識を持っている。だから高齢者を大切にしなくてはならない」という教訓が、そこからは滲み出る。

『今昔物語集』には、中国の話も収められている。郭巨《かくきょ》という貧しい男とその妻、老母の三人で住んでいた一家に、子供が生まれた。その子が成長すると食べる量も増え、老母の食べるものが減ってしまう。

親孝行な郭巨は、そのことを苦にして、子供を地に埋めようと穴を掘る。その時、鍬にカツンと当たったのは、黄金の釜。その釜のお陰で、郭巨は子を埋めずにすみ、一家は豊かに暮らすことができるようになった。

今読むと、親孝行のために我が子を殺そうとするというのは、常軌を逸した感覚に思える。が、当時の中国で、子への愛よりも大切にしなくてはならなかったのが「孝」。子を殺すほどの覚悟を持って親孝行をすれば、おのずと道は開ける。天は見ているのだ、ということをこの話は伝えている。

子供を生き埋めにしてでも親孝行をしようとした郭巨は、中国の二十四孝の一人である。

古来有名な孝子の逸話を集めたのが「二十四孝」だが、郭巨をはじめとして「そこまでしなくても」と思うような話ばかりが並ぶのだ。

「二十四孝」のような話が尊ばれたという事実は、老いた親をはじめとして、年長者を敬うことがいかに難しいかを示しているように私は思う。人は、放っておいたら老人を邪険にしがちな生き物であるが故に、目上の人は無条件に敬うようにする儒教というシステムを、中国人は作り上げたのではないか。

そのシステムは日本にも取り入れられ、今でも様々な影響が見られるわけだが、京都の祇園祭では、その名も「郭巨山」という山車《だし》を、私達は見ることができる。山車の上には、郭巨と幼い子供の人形、そして黄金の釜が。歯を食いしばってでも親孝行、という教えは、今なお日本で生きているのだ。

昔も高齢者はつらかった

一方、「放っておいたら人は老人を尊ばない」という事実も、古典の中には見ることができる。随筆の「出で来はじめの祖」である清少納言『枕草子』には、「ことに人に知られぬもの」（ことさらに気にかけられないもの）として、

「人の女親《めおや》の老いにたる」

との一文が記されている。女親、すなわち母親は、官位を持つような男親よりも忘れられがち、かつ放っておかれがちな存在だったようだ。

男の年寄りについても、清少納言は厳しい視線を投げかけている。時流に乗って栄えている人のところに、暇をもて余した老人が、どうでもいい和歌を詠んでよこすのは「すさまじ」、すなわち「興ざめ」だ、と書いているのだ。出世コースに乗って我が世の春、という会社役員のところに、定年退職したOBがせっせとメールをよこす、といった感じだろうか。

『枕草子』の愛読者だった兼好法師もまた、清少納言と同じような感覚を持っていた。『徒然草』には、「聞きにくく見苦しき事」として、

「老人の若き人に交《まじは》りて、興あらんと物言ひゐたる」

とある。すなわち、老いた人が若い人に混じって、面白がって話したりするのは聞き苦しいし見苦しい、と。

清少納言や兼好法師は、共に周囲を冷静に見る視線を持っている。既に現役感を失ってしまった老人が、現役の中に混じろうとする様に対して、二人とも嫌悪感を抱いているのだ。

だからこそ二人は共に、老いることに対する強い恐怖心を抱いている。時はあまりにも

早く過ぎ、人はどんどん老いてしまう。年をとると、人は自分が他人からどう見えているかもわからなくなってしまうのがまた恐ろしい、と二人は思っていたのだろう。

兼好法師は、「他人から好かれずして、他人と交わるのは恥」とも書いている。白髪頭をして働き盛りの人の中に入っていこうとするべきではない。年齢を戻せと言っているわけではなく、老人はただ静かに安楽に過ごしていればいいのだ、と。

昔は、今よりも高齢者が大切にされたに違いない、と我々は思いがちである。我が国にも伝わる、儒教的親孝行話の数々を読めば、昔は老後の不安などなかったのだろう、と思えてくるのだ。

しかし随筆という生の声や昔話を読むと、高齢者はいつの時代も大変だった、と思わざるを得ない。平安時代の清少納言も、その三百年後の兼好法師も、高齢者に対するイラつきを随筆に綴っているのであり、両者が言いたいのはすなわち、「高齢者はおとなしくしていた方がいい」ということ。またそのように高齢者がつらい立場に置かれがちだったたからこそ、かぐや姫や桃太郎といったスーパーキッズが高齢者にもたらされる物語が生まれたとも言えよう。

ただ一人で生きて、死ぬ

『枕草子』『徒然草』と並んで日本を代表する随筆とされる『方丈記』は、『徒然草』より前に書かれたものではある。が、『徒然草』の時代と高齢者に対する感覚はさほど変わっていなかったに違いなく、『方丈記』は当時の老人文学と言うことができる。

よく知られているように『方丈記』では、鴨長明が経験した火事、竜巻、飢饉、地震といった天変地異についての記述が多くを占める。様々な出来事を経験する中で無常観を強めた長明は、京都の南の日野に、約三メートル四方という小さな庵を結び、一人で暮らすようになる。

『方丈記』を書いている時、長明は六十歳。当時としては相当な高齢である。自然に親しみ、人づきあいといえば、近くに住む十歳の童と、時に戯《たわむ》れるくらい。季節ごとに咲く花を愛《め》で、鳥の声を聞き、山菜を摘み、木の実を拾う毎日である。

出家者である長明は、日々念仏を唱え経を読むのだが、物憂い時は心の声に従って、あっさりとやめてしまう。誰に見られているわけでもないので、さぼったからとて恥じる必要もない。他人の視線を気にすることなく、他人と自分を比較することもなく、長明はただ一人で生きていた。

長明の暮らしは、清少納言や兼好法師が揶揄《やゆ》するような、若い世代ににじり寄って交わろうとする高齢者の姿とは正反対のものである。長明は出家者として隠遁生活を選んだのであろうが、高齢者に対する視線を理解していたからこそ、人々と離れて一人で生きた部分もあったように私は思う。

高齢化が進んだ今は、年をとってもいつまでも若くあり続けよ、社会に交わり続けよ、現役であり続けよ、との声が高い。その声に従って高齢者も、日々自らを奮い立たせているのだ。

しかし『方丈記』を読むと、「何歳になってもギンギンで！」という風潮が、自然の摂理に反したものに思えてくる。年をとったなら自ら身を引き、静寂の中で一人、日々を送るという隠遁生活において、長明はなんと生き生きとしていることか。

長明は、

「そもそも、一期の月影かたぶきて、余算、山の端に近し」

と書いている。つまり自分の人生の終焉が近いことを悟っているのであり、一つ一つ、自らの欲望や執着から離れていった長明は、きっと野生動物のようにひっそりと、日野の山中でその生涯を終えたに違いない。

長明が方丈の中で事切れていたとしたら、今ならそれは「孤独死」と言われることになる。また山を歩いている時に倒れたなら、「行き倒れ」と言われるに違いない。いずれにしてもその死は、かわいそうな孤独な老人の成れの果てとして、同情の対象とならざるを得ない。

　しかし日野で一人、死んでいったであろう長明は、おそらく幸せだったのだと私は思う。誰の視線を気にすることもなく衰えて死んでいった、長明。その姿は、今となっては手に入れることが困難な、一つの理想の老い姿なのだ。

第二章　老いをどう生きるか

一　百歳の人間宣言

加速度的に増加する「百歳」

「百」という数字はかつて、一〇×一〇という数字としての意味の他に、「とてもたくさん」という意味を持っていた。小学一年生になろうとする子供に対して、

「友達百人できるかな」

と歌われたのは、本当に友達が百人できるかどうかを問うためではない。「あなたは小学校に入って、とてもたくさんの友達に恵まれるに違いない」という祝意が、「百」という数には込められていた。

また昭和時代、百万円と言えば、たいそうな大金というムードが漂った。百万円あれば、たいていのことができるような気がしたものである。

しかし今、「百」という数字の価値は下がった。ＳＮＳでどんどん人と繋がっていく世代の若者は、友達とされる人が百人いても「多い」とは思わないだろう。百万円もまた、使いだしたらあっという間になくなってしまう程度の金額となったのだ。

年月についても、同様である。かつて「百歳《ももとせ》」と言えば、とても長い年月のことを示す

言葉だった。そこには、「あり得ないほどの」という意味も込められていただろう。百歳千歳の長寿を祈るということは、「まぁ人は、千歳はもちろんのこと、百歳までも生きられないけれど、それほどまで長生きしてほしいと思っています」という意味。百歳も千歳も、縁起の良い言葉として使用されていた。

しかし今「百歳」は、縁起が良い言葉と言うよりは、十分に生き得る現実的な数字として使用されるようになっている。百歳まで生きる人は身近にも見られるようになり、「百歳」は「あり得ないほどたくさん」という意を表せなくなってきたのだ。

私の祖母の一人は百一歳まで生きたのだが、百歳になった時には、都知事からお祝いの品をいただいた。何種類かの中からの選択制だったのであり、祖母が選んだのは、大島紬のちゃんちゃんこ。他に、「百歳までよく長生きしました」的な認定証も、石原慎太郎都知事(当時)の名前で添えられていた。

祖母によると、

「都知事から記念品をいただけるのは、今年が最後らしいのよ。よかったわ今年で」

とのこと。そこで私の脳裏に浮かんだのは、「予算削減のためなのだろうな」ということだった。

かつては本当に、寿《ことほ》ぐべき存在だったであろう、百歳のお年寄り。しかし、平均寿命も百歳人口もぐんぐん伸びていたその頃、都内で加速度的に増加していく百歳達に、都としてはいちいち記念品を贈っていられなくなったのではないか。

百歳以上人口の調査が始まった一九六三年（昭和三十八）当時、全国で百歳以上の人は百五十三人しかいなかったのだそう。その後、百歳以上人口は増え続け、私の祖母が百歳になった二〇〇八年（平成二十）には、全国で三万人以上の〝百歳人〟がいた。そして二〇二二年（令和四）には九万人超えと、百歳人口は飛躍的に伸び続けている。

神的な存在から現役医師へ

百歳人口の伸びは、〝百歳本〟の歴史を眺めることによっても、実感することができよう。過去を振り返った時、百歳代の有名人と言って私がまず思い出すのは、きんさんぎんさんである。昨今の若い人は知らないだろうが、きんさんぎんさんとは、平成初期にスポットライトを浴びた、百歳の双子姉妹。テレビコマーシャルで、

「きんは、百歳百歳」

「ぎんも、百歳百歳」

と言う二人のインパクトは強力で、きんさんぎんさんについての本はもちろん、写真集も出るなど、一気に人気者になったのだ。

きんさんぎんさんより前に有名になった百歳人といえば、泉重千代さんがいる。鹿児島・徳之島に住んでいた重千代翁は、一九七九年（昭和五十四）に世界最高齢の百十四歳としてギネス認定され、おおいに話題に。『泉重千代物語　不老長寿学の提言』（一九八五）等の関連本も出版された。

重千代さんは一九八六年（昭和六十一）に亡くなったが、享年は百二十とされた。しかしその数字は、生まれた時の届けが確かではない等、信憑性に欠ける年齢とされているようである。

1981年、満116歳の誕生日を迎えた泉重千代さん

とはいえ重千代さんの実際の年齢は、当時の人にとって、どうでもいいことだった気がしてならない。重千代さんがギネスによって世界最高齢と認定された当時、日本の百歳以上人口は九百三十七人と、まだ千人に届いていなかった。二〇二二年（令和四）の百歳以上人口のわずか一パーセントしか存在しなかったのであり、百歳人はかなりレアな存在だったのだ。

そんな時代に、南の島に「重千代」という名の百歳超のおじいさんが生きていたならば、それはほとんど神話の世界の登場人物のような存在。その年齢が正しくても正しくなくてもどちらでもよかったのであり、重千代時代の「百」はまだ、「とてもたくさん」という意味を含んでいたのだ。

きんさんぎんさんにしても、同様だろう。きんさんぎんさんがCMに出てブレイクした頃、日本の百歳以上人口は、四千人台。二〇二二年(令和四)の四・六パーセントだったということで、きんさんぎんさんという奇跡の双子もまた、神話的な存在だった。

そのような「百歳＝ほとんど神」というイメージに変化をもたらしたのが、日野原重明である。日野原は、一九一一年(明治四十四)生まれ。医師として長年活躍していたが、二〇〇一年(平成十三)、日野原九十歳の時に刊行された『生きかた上手』が、百万部超の大ヒットとなり、老いスターとして一気に一般の注目を集めた。

日野原が本を出したのは、『生きかた上手』が初めてだったわけではない。それまでも、医学関係の著書を数多く刊行していたし、のみならず一九八五年(昭和六十)には既に『老いを創《はじ》める』という老い本も刊行しているのであり、『生きかた上手』の刊行時点で、老い本執筆歴が十五年超のベテランでもあった。

しかし『老いを創める』の刊行時に七十代だった日野原は、まだ若すぎたのだろう。対して『生きかた上手』刊行時、日野原は九十歳になっていた。九十歳の現役医師が、老い方ではなく生き方について説くというスタイルが世に衝撃を与え、日野原はスターとなる。

超高齢プラスアルファ

『生きかた上手』は、現在の老い本ブームという太い流れをつくった源流の一つであると同時に、〝超高齢者本〟というジャンルを拓いた作品と言うことができる。その一つめのポイントは、日野原が七十代や八十代ではなく、九十代だったというところ。単なる高齢者でなく、九十代の超高齢者が書いたという事実が、従来の老い本とは異なるインパクトをもたらしたのだ。

現代の老い本の著者もまた、歳をとっているほど目につきやすいが、百歳人が珍しくなくなっている今、ただ歳をとっているだけでは、老い本の著者としてのインパクトは弱い。歳をとっているだけでなく、さらにプラスアルファとして何らかの条件が必要なのであり、それがたとえば『102歳、一人暮らし。哲代おばあちゃんの心も体もさびない生き方』(二〇二三)著者の石井哲代さんであれば、「一人暮らし」。六十、七十で一人暮らしをしているのではなく、百二歳で一人暮らしをしているところに、我々は瞠目するのだ。

また『死ぬまで、働く。97歳・現役看護師の「仕事がある限り働き続ける」生き方』(二〇二二)の池田きぬさんは、「97歳・現役看護師」。『草笛光子 90歳のクローゼット』(二〇二三)は、俳優の草笛光子が九十歳でもこんなに美しくてこんなにおしゃれ、ということを示す本である。はたまた、二〇一五年(平成二十七)に『一〇三歳になってわかったこと 人生は一人でも面白い』がベストセラーとなり、他にも百歳本を何冊か出して百七歳の長寿を全うした篠田桃紅は、現役の美術家として最後まで生きた人である。

九十代以上の超高齢者が全く珍しくなくなった今、九十代であれ百歳代であれ、ただ年齢が高いというだけでは、老い本の世界に参入することはできない。「生涯現役を貫く!」と謳《うた》った『100歳で夢を叶える』(二〇二三)といった本も刊行されているのを見れば、超高齢+一職or一芸が求められていることが理解できるのであり、その原点となったのが、日野原だったのではないか。

『生きかた上手』のカバーは、白衣を着て聴診器を持つ日野原の姿である。著者は現役の医師であるということが、一目瞭然のカバーとなっている。

日野原は、二〇一七年(平成二十九)に百五歳で亡くなるまで数多くの老い本を世に出したが、そのカバーの多くに使用されているのは、白衣もしくはジャケットにネクタイという姿の写真だった。日野原は、何歳になっても現役で働き続けることを周囲から望まれ、また本人としても生涯現役でいることを望んでいたに違いない。泉重千代、きんさんぎんさんの時代はほとんど世俗から超越した神的存在だった日本の超高齢者を、社会と交わる「人間」として示したのが、日野原重明だった。

あたふたし始めた日本人

日野原重明によって〝人間宣言〟がなされた、日本の超高齢者。そんな日本の百歳界隈には、二〇一六年（平成二十八）にとある本が出版されたことがきっかけとなり、さらなる変化がもたらされる。

その本とは、『ライフ・シフト』。イギリス出身で、心理学、組織論の研究者であるリンダ・グラットンが、経済学者のアンドリュー・スコットと共に書いたこの本のサブタイトルは、「１００年時代の人生戦略」だった。

この本では、日本では二〇〇七年（平成十九）に生まれた子供の半数が百年以上生きる、と予測されている。多くの先進国において寿命は伸び続けており、現時点における若者達は、人生百年時代を生きるとされているのだ。

とするならば、従来のように六十代の定年まで一生懸命に働き、リタイアした後は、働いている時に貯めた資産で悠々自適に暮らすというスタイルでは、老後資金が不足してしまう。余生はどんどん長くなってきているのだから、ずっと健康でいて、ずっと働き続けるというスタイルに人生をシフトさせていかなくてはならない。

……といったことが書いてある本書を世界で最も真剣に受け止めたのは、世界一の長寿国である日本に住む人々だった。本書は日本でおおいに売れ、様々なメディアで特集が組

まれるうちに、「人生百年時代」という言葉は流行語となる。否、流行語と言うよりはすっかり生活の中に定着し、

「人生百年時代なんだし、五十代ってまだ人生の前半かもよ」

「人生百年時代だと思うと、まだまだ働き続けなくては」

などと使用されつつ、今に至るのだ。

『ライフ・シフト』は、日本にとって一種の黒船となった。世界一の長寿国であるという事実に対して日本人は、「ま、先進国の証ということで、悪いことではあるまい」くらいに思っていたのが、『ライフ・シフト』によって、

「今のままだと、九十歳、百歳になって食い詰める事になりますよ」

という現実が提示され、

「何をどうシフトすればいいというのだ」

と、右往左往することに。

もちろん日本人も、超高齢化が進む現状に対して手をこまねいていたわけではなく、たとえば二〇一二年(平成二十四)には、高年齢者雇用安定法が改正されて、定年後も六十五歳までは雇用を延長する制度などが定められている。日本でも、かつては定年は五十五歳が当たり前の時代があったわけで、平均寿命の延伸と共に、現役生活が長くなるようなシ

ステム改革を行ってはいたのだ。

しかし人生が百年となると、少しばかり定年が延びたり、定年後にわずかばかりの給料で数年間会社にいさせる程度の制度では、どうにもならなくなってくる。自身の貯蓄で食べていくことができる余生がせいぜい二十年程度であるならば、人生百年時代においては八十代まで働かなくてはならない。だとしたら、人生を根本的に考え直した方が良いのではないか。……と、日本人はあたふたしだしたのである。

政府もまた、国民と一緒にあたふたする。この本が発売された翌年の二〇一七年（平成二十九）、時の安倍晋三内閣は、「人生100年時代構想会議」なるものを発足させた。議長は安倍首相。麻生太郎、菅義偉といった政治家に加えて、経済界の代表、学識経験者、元サッカー選手といった有識者の中に唯一の外国人として名を連ねていたのは、『ライフ・シフト』の著者であるリンダ・グラットン氏だった。『ライフ・シフト』という黒船は、政府をも動かしたのだ。

少子高齢化、すなわち子供は生まれないが人は長く生きるという現状の中で、この会議では、「とにかく国民一人一人の能力を向上させ、様々な生産性を向上させるべき」という結論を出した。あらゆる年代の個々人をスキルアップさせれば、自分自身の力で、何とか百年という人生を乗り切ってくれるのではないか、という期待がそこには込められていよう。

考えてみれば、今の老い本ブームにおける九十代、百歳代の執筆者達は皆、定年のない職業に就いている人である。日野原重明は医師、池田きぬさんは看護師ということで、資格商売。草笛光子は俳優、篠田桃紅は美術家と、自身の能力が認められればいつまでも仕事をすることができる、才能商売に就いている。

作家についても、同様である。残念ながら百歳にならずして亡くなった瀬戸内寂聴、百歳を超えて執筆活動を続ける佐藤愛子、九十代の曽野綾子といった人々もまた、文筆という才能商売で生きてきたのであり、現在の老い本ブームの中で老いスターとして輝いているのは、もともとライフシフトをしなくても、人生百年時代を生きていくことができる人だった。会社員等の勤め人としてかつて偉かった人は、九十歳、百歳ともなるとさすがに現役を退いているのであり、老い本の世界には参入してこないのである。

そんな中で定年を経験している数少ない老いスターは、『102歳、一人暮らし。哲代おばあちゃんの心も体もさびない生き方』（前出・P69）の石井哲代さんであろう。彼女はもともと教師であり現役引退後、自身の行動力とコミュニケーション能力とを駆使して長い余生を過ごしてきた。さらには本の執筆というライフシフトをも果たしたのであり、その点においても『102歳、一人暮らし。』は、世の元勤め人達の参考になる、数少ない老い本である。

『ライフ・シフト』的な考え方がさらに浸透してきたならば、かつては勤め人だったけれど、人生百年時代のことを考えて起業をしたり兼業を始めたりという人が、次第に老い本によって紹介されるようになってこよう。そうなった時に、日本の人生百年時代はようやく、軌道に乗ってくるのかもしれない。

二　定年クライシス

会社人生が終わる「生前葬」

「定年って生前葬だな」

これは、二〇一五年（平成二十七）に刊行された内館牧子のベストセラー小説『終わった人』の冒頭部である。

定年についてこのように感じているのは、この小説の主人公の、田代壮介・六十三歳。東大法学部を出て、国内トップのメガバンクに就職した彼は、一時は出世コースに乗ったものの、四十九歳の時に子会社へ出向。さらには五十一歳の時に「転籍」、つまり銀行から子会社へと籍を移すという事態にも見舞われた。

転籍を告げられた田代は、俺はもう「終わった人」なのだと、しんみりする。そして子会社の専務取締役として、彼は会社員人生を終えることになった。

いよいよ、定年を迎える日。あと二十分で終業のチャイムが鳴るという時に、田代は「定年って生前葬だな」と思う。ほどなく社員達に見送られ、会社を去ることを想像するにつれ、

「元気でしっかりしているうちに、人生が終わった人間として華やかに送られ、別れを告げる。生前葬だ」

との思いを強めるのだ。

人生は続くというのに会社人生が終わるからこその、「生前葬」。入社以来、何十年と続いた会社員としての当たり前の日常は、この日をもって断ち切られる。

学校教育の期間中は学校へ、社会に出てからは職場へと、多くの人々は日々、どこかへ通いつつ、人生の半分以上を過ごす。毎日早起きをして家を出る日々は、しんどいものだ。だからこそ、人はたまの休暇が楽しみなのだが、しかし「明日からどこにも行かなくていい」となると、話は違う。どこにも行かなくていい日々にはすぐ飽きるのであり、『終

わった人』の主人公もまた、ありあまる時間の使い方に戸惑うのだった。

定年は、人生における一大転機であり、老いライフへの入り口でもある。特に男性にとって、それは「男として終わり」的な感覚をもたらす出来事でもあろう。仕事に軸足を置いて生きてきた男性は、ぽっかりと中心を失ったような気持ちになるのであり、そんな男性が手に取るのが、〝定年本〟である。

女性の場合、定年を迎えたからといって「女として終わり」と思う人は少ない。女性には五十代になる前後から更年期がやってきて、「女として」的なことを意識させられるのであり、そんな女性のためには〝更年期本〟も多く出版されている。

とはいえ定年本のバリエーションは、更年期本を大きく凌駕している。女性にとっての更年期が、従来はあまり堂々と話題にできることではなかったせいもあろう。

「定年」が「停年」だった時代

定年本は、老い本ブームの今だから盛んに刊行されているわけではない。一九五〇年代から、『停年の設計』（一九五七）『停年前後の財産計画』（一九五九）といった、現代にもつながる停年（当時はこう書いた）についてのハウツー本は刊行されている。五〇年代には、雑誌にも「サラリーマンの終着駅『停年』」「停年を十年延長せよ」「停年への抵抗」といった記事が見られるのだ。

老いの入り口に立った人々を襲う定年クライシスは、「停年」時代から存在したのであり、それをいかに乗り越えるかについて、日本人は戦後ほどない時期から苦慮していた。

しかしこの「停年」、冷静に見るとかなりシビアな言葉である。会社人生を停止させますよ、ということなのだから。

「停年」が「定年」に変化したのは、「停年」という言葉から、強制退職のムードがあまりに強く漂ったからだろう。「会社員人生を無理に停止させるわけではありません。〝定められた年〟なのですよ」というニュアンスを含んだ書き換えによって、企業側は強制退職の残酷性を巧みに弱めようとしたのではないか。

とはいえ漢字を換えたからといって、定年の重さが消えるわけではない。むしろ日本人の平均寿命が延びるに従って、定年の重みは増すばかりである。

停年はそもそも軍隊用語であったようだが、明治時代の後半、一部の大企業等に制度が導入されるようになり、その時の停年は五十五歳だった。

大正末期の経済誌によると、住友、三菱等の大会社が五十五歳の停年制を導入していた模様。とはいえまだ一般的ではなく、多くの企業では、特に停年を設けていなかった。

昭和になると、停年制度が広く普及するようになってくる。多くの企業では、停年は五十歳か五十五歳に設定されていたようだ。

戦後には、五十五歳の停年が定着。しかし平均寿命が延びるにつれ、五十五歳の停年は若すぎる、という意見が多くなる。「停年」が「定年」と書き換えられつつあった一九七〇年代以降、次第に定年年齢が延びていき、一九八五年（昭和六十）には高年齢者雇用安定法により、六十歳の定年が努力義務に。一九九四年（平成六）には法改正で、六十歳定年を義務化する規定が設けられた（施行は一九九八年）。

二〇一二年（平成二十四）にはさらに同法の改正が進み、事業主に対して、希望労働者全員の六十五歳までの継続雇用が義務化される（二〇一三年より施行）。定年後の会社員は、給料が減るなどするものの、希望すれば六十五歳まで同じ会社で仕事を続けられることになった。

こうしてみると日本の定年年齢は、最初期からさほど延びていないのだった。明治期、日本人の平均寿命は四十代前半だったのに、停年は五十五歳。定年年齢は、平均寿命を超えていた。

対して今、一般的な定年は六十歳と、停年制度勃興期と比べて五歳しか延びていない。だというのに平均寿命は、その頃と比べて約四十年もの延びを見せている。この差の大きさこそが、日本人に強い老後の不安をもたらす一つの要因である。

五十五歳の「停年」

五十五歳の「停年」が一般的だった時代のことを書いた小説に、源氏鶏太が一九六二年（昭和三十七）に朝日新聞に連載した『停年退職』がある。サラリーマン小説で知られる源氏は、自身も大企業に勤め、会社員と兼業で執筆活動をしていた。在職中に直木賞を受賞した源氏は、四十四歳の時、作家に専念するために会社を辞める。

『停年退職』は、源氏が五十歳の時の作品である。五十代を迎えた著者の周囲には、そろそろ停年を迎えたり、停年に不安を覚えたりする人が増えてきたのであろう。

この小説の主人公は、東亜化学工業株式会社で厚生課長を務める矢沢章太郎。半年後に五十五歳の停年を迎える身であり、最後の二、三年は、停年の事ばかりを考えて過ごしていた。

比較的早く課長になった矢沢は、このまま部長になり、取締役にもなれるのではないかと夢を見たこともあった。取締役になれば、停年が五年延びて、六十歳になるのだ。

一九六二年時点の日本人男性の平均寿命は、六十六・二三歳である。単純計算をすれば、五十五歳で停年退職をしても、十一年後には別の世界、すなわち冥界に異動することになる。であればこの時代の人は、男性の平均寿命が八十一・四七歳の今と比べると、さほど老後の不安を抱かずにすんだに違いない。……と思いきや、『停年退職』に出てくる男達は、現代の人と同様に、停年後はどうする、という不安でいっぱいになっている。

たとえば矢沢が同窓会に出席すると、同級生達からは停年、および退職金への不満が噴出。

「だいたい、五十五歳なら働き盛りだよ。その五十五歳で停年というのは、不合理だ。いや、残酷だよ」

と、今の人と同じようなことを言っている。

特に、お金に関する心配は深刻だ。多少の貯金はあっても、「この先、何年生きるかわからない」「あと二年といいたいのだが、せめて、あと一年でも働きたい」と、焦りを募らせている。

停年後の身の振り方に悩みながら矢沢が右往左往するという、この物語。平均寿命が六十六歳であっても、停年クライシスは変わらないのだ。

矢沢が「あと少しでも働きたい」と思う背景には、子供達のことがあった。独身の娘には、人並みの嫁入り支度をしてやりたい。そして矢沢自身は高等商業（戦前まであった旧制の商業専門学校。「高商」）卒のため、高校生の息子は、大学に進学させてやりたかった。子供には自分より良い教育、良い暮らしを与えたいと思うのがこの時代の親であり、だからこそ少しでも長く働きたいのだ。

矢沢には、目をかけている若い後輩社員がいた。坂巻というその青年は、明るく爽やかで、矢沢を慕ってくれる。こんな青年が娘と結婚してくれたら……と、つい考える矢沢。

矢沢が娘と坂巻の結婚を夢想するのは、ただ坂巻が好青年だからという理由だけではない。会社の後輩である坂巻が娘と結婚すれば、自分が退職した後も、坂巻から会社の情報を得ることができる。義理の息子を通じて、自分も会社とつながり続けることができる、と思っているのだ。

絶望から再生への物語

矢沢のそんな心境を読むにつれ、高度経済成長期のサラリーマンが停年に悩む理由は、今とは少し違ったのでは、と私は思った。その時代、停年から死までの時間はそう長くなかったかもしれないが、終身雇用制の中で「会社員として生きる」ことの意味合いは、今よりもずっと重かったのではないか。

日本が急速に成長し、発展していく時代に、がむしゃらに働いた会社員達は、日本の成長に参加している実感を得ていたに違いない。社畜などという言葉はなく、社畜的に働くことが当然視され、礼賛されてもいたその時代、停年によって会社員の座を失うショックは、今よりも重かったに違いない。

矢沢の娘は、色々あった末に結局、坂巻との交際を始める。二人はいずれ、結婚するだろう。矢沢は停年後、それまでの仕事とは全く異なる仕事をすることになったが、しかし娘の夫が東亜化学工業の社員である限り、彼の会社員魂は、会社で生き続けるのだ。

源氏鶏太は、「停年待ち」という短編小説も書いている。『停年退職』の矢沢と似たような境遇の主人公・尾崎は、やはり停年を前に悶々とした日々を過ごしている。長男とは折り合いが悪いのだが、長男夫妻のつてから停年後の再就職先が見つかったことから、両者は歩み寄っていく。

そうして迎えた停年退職の日、子供達がそれぞれお祝いの品を差し出す中、

「僕んとこは、近いうちに、孫を差し上げますよ」

と長男が言うのを聞き、いっそう元気になる尾崎。

「そうだ、明日から、わしの第二の人生が、はじまるんだな」

と、彼は希望に包まれるのだ。

『停年退職』の矢沢も、「停年待ち」の尾崎も、程なく停年という時期は、どんよりとした気持ちで日々を過ごしている。しかし矢沢は、自分の後輩と自分の娘の交際が始まることによって会社員生命がつながることを実感し、元気を取り戻す。そして尾崎は、孫が生

まれると聞いて、命がつながっていく感覚を覚える。会社員生命が絶たれても、別の部分でのつながりを得ることによって、彼らは前を向く。

　停年小説であれ定年小説であれ、物語の始まりはたいてい、男性主人公が会社人生の終焉を迎えて絶望するシーンである。そして最後には、会社人生に代わる別のつながりを見つけて再び希望を持つことになるのであり、すなわちそれは死と再生の物語なのだ。

ぶらぶらしている「オッサン」

　一九九八年（平成十）に刊行された重松清の『定年ゴジラ』は、著者が三十代半ばと、まだ若い頃の作品である。文庫版あとがきによるとこの作品は、著者が当時住んでいた東京郊外のニュータウンにおいて、

「最近、オッサンがけっこうぶらぶらしてないか？」

　と気づいたことがきっかけで書き始めたとのこと。

　若き日にニュータウンに家を建て、都心に通勤していた一家の主達が、次々と定年を迎える時期になったからこその、その光景。町として初老を迎えたニュータウンと、人として初老を迎えた定年の「オッサン」が、ここでは重なり合う。

　主人公は、元大手銀行員の、山崎。彼もまた『終わった人』の田代と同様に、銀行から

関連会社に出向して会社人生を終えた。退職後は、くぬぎ台というニュータウンにある自宅で、ぶらぶらと過ごしている。

山崎は、くぬぎ台に住む定年仲間達とひょんなことから知り合い、町内会の仕事を手伝うように。次第に、地元のことを知るようになっていく。

山崎の場合、このように自身が住む土地との間に、新たなつながりを発見しようとした。そして二〇〇〇年（平成十二）に書かれた新章「帰ってきた定年ゴジラ」（文庫版に収録・二〇〇二）では、山崎はパソコンを入手し、さらなるつながりを求めようとしている。

山崎が買ったのは、i－Mac。カラーは、ブルーベリーである。ミレニアムの時代が思い出されるこの商品だが、パソコンを入手した山崎は、

「つながっている――というのが、いい」

と、興奮している。

この時代、スマホはまだ普及していない。そんな中、クリック一つで世界中とつながることができるとは素晴らしいと、パソコンの所持によって生気を取り戻した定年者が、かなり存在したようだ。

『定年ゴジラ』の十年後、二〇〇八年（平成二十）に連載が始まった、渡辺淳一の『孤舟』（二〇一〇）は、団塊世代の定年を扱った小説である。この物語の主人公・大谷は、大手広

告会社の役員を務めたものの、その後は出世ラインから外れて、定年退職。大谷のように、「そこそこ出世はしたが、上り詰めることはできなかった男」が、定年小説では主人公になりやすい。

定年後の大谷は、「この年齢で、一気に仕事を奪い取られることは、いきなり終身刑をいい渡されて個室にぶち込まれたようなもの」と落ち込む。毎日家にいると、妻との仲も悪化。彼は、妻のことは「おい」と呼び、家長である自分に妻は服従すべきと思っている封建夫なのであり、自由に生きたい妻を束縛するのだ。

そんな夫が毎日家にいることに耐えられず、妻は娘の元へ身を寄せる。一人になってしまった彼が、何とか前を向くべく、新たなつながりを求めた対象は、若い女だった。……というのが、この著者らしい物語と言えよう。

デートクラブ（パパ活あっせん業者のようなもの）に登録した大谷は、二十七歳の女性とデートを重ねるようになる。いよいよ肉体関係を結ぶべく京都旅行へ誘うと、結婚することになったから無理、と断られ、彼はそこでなぜか、自分も変わらなくては、と奮起して物語は終わるのだった。

やや唐突な結末ではあるが、この小説は当時、かなり売れた模様。会社員時代の記憶と、家長としての自信を幻肢痛《げんしつう》のように引きずる主人公の哀れさが、かえってリアルだったたからなのかもしれない。

総合職女性の定年後

では、定年小説のヒット作として記憶に新しい内館牧子『終わった人』において主人公の田代は、物語の最後に、どのようなつながりを得ようとしたのだろうか。

定年退職後の田代は、ジム通いをしたり、カルチャースクールに行ったり、大学院受験を目論んだりと、しばらく迷走を続ける。が、知人の会社の顧問を引き受けることによって、働くことを愛する彼は息を吹き返し、仕事に邁進するのだった。

しかし、そこでめでたしめでたしとはならないのがこの小説の読みどころ。新たな仕事で大きな落とし穴に落ち、田代は銀行時代に貯めた財産の多くを失うことに。絶望の淵に立たされた彼は、妻からも半ば愛想をつかされてしまう。

進退窮まった田代は、自身の故郷である岩手に戻り、東日本大震災の被災地となった故郷のために働く決意をする。自分が生まれ育った地とのつながりを思い出すことによって、田代は自身もまた再生しようと歩みだす……。

全てを失った人間が最後につながりを求めたのは、自身の根っこが残る地だった。そういえば、定年者など中高年が第二の人生を歩む姿を紹介する隠れた人気テレビ番組『人生の楽園』においても、実家をカフェに改造したり、故郷にUターンして古民家でパン屋を始めるといった人が多い。人生の仕上げの時期が近づくにつれて、人は自身の大もとを見つめ直すようになるのだろう。

定年小説は、今後も定年退職者達に必要な物語として、書き続けられていくに違いない。特に今は、平均寿命が延びているにもかかわらず、役職定年等の制度によって、実質的な会社員人生が、五十代半ばで終わることもままある。会社員達に希望をもたらす小説は、ますます必要となっているのだ。

また、これまで紹介した定年小説は、全て男性が主人公だったが、今後は定年退職した女性を主人公とした小説も増えるだろう。すでに、男女雇用機会均等法の第一世代の総合職女性達が、定年を迎え始めている。男性に比べると女性は、仕事以外のコミュニケーションも醸成しつつ生きているので、定年退職後に突然「することがない」という状態にはなりづらい、という話もある。しかし男性と同じように働いてきた総合職女性が、定年後に〝女のおじさん〟的存在となる危険性もあるのだ。

定年クライシスにおける男女差も縮まってくる、今後。手に手を取ってクライシスを乗り越え、来るべき老いライフに歩み出す気力をもたらす定年小説が求められていよう。

三　六十代——老人界のフレッシュマン

高齢者の入り口

定年本が、老いの世界へと飛び立つ前の滑走路のような役割を果たすとしたら、いよいよ離陸となった時に読むのが、〝六十代本〟である。

日本の医療制度においては、六十五歳から七十四歳までが前期高齢者、七十五歳以上が後期高齢者ということになっている。六十代は、高齢者の入り口となる年頃なのだ。

平均寿命が延びた今となっては、もう六十代を高齢者とするのは、時代に合っていない気もする。七十代になっても、高齢者感が漂う人は少数派。七十代が前期高齢者、八十代が中期高齢者、そして九十代以降を後期高齢者とするのが、実際の感覚に合った呼び方ではないか。

とはいえ六十代ともなれば、妙に朝早く目が覚めてしまったり、つまずいて骨折する人が身近に増えてきたりするのは、事実。自らの背後にも「老」の一文字がぴったりと張り付いていることを意識する機会が増えてくる。

ついこの前までは、「おじさん」「おばさん」と呼ばれることにショックを覚えていたはずなのに、「おじさん」「おばさん」と呼ばれることが僥倖《ぎょうこう》と感じられるようになってくるのが、六十代。孫を持つようになる年頃でもあり、家族内の立場としては確かに「おじいさん」「おばあさん」にはなってくる。しかし家族の中ではそうであっても、社会の中ではまだ「おじいさん」「おばあさん」ではないだろうという意識を、昨今の六十代は持っているのだ。

六十代は、いわば老人社会におけるフレッシュマンである。人生をざっくりと分けるならば、子供時代→若者時代→大人時代→老人時代、となろうが、老人時代のとば口に立った六十代は、今まで身を置いていた大人時代の記憶をたっぷりと持っているので、高齢者として区分されることに、激しい違和感を覚える。映画館などでシニア料金を適用されては嬉しいような悲しいような気持ちになり、電車の中で席を譲られてはショックを受ける六十代は、新入生や新入社員と同様、フレッシュマンとして繊細なハートを抱えている。

世に六十代向けの老い本が多いのは、人生のステージも、そして心身も激しく変化する年代だからなのだろう。老人界に不慣れなニューカマーに対して、健康、投資、料理から家の片付けまで、様々な『60歳からの○○』について指南する本が、数多く存在している。

六十代へ、心の持ち方をアドバイスする本も多い。その手の本から見えてくるのは、男性と女性とでは、老年時代への向き合い方に、はっきりした違いが存在するという事実である。

弾けたい男性、身の丈志向の女性

男性向けの六十代本から漂いがちなのは、やぶれかぶれ感である。多種多様な老い本を書いている精神科医の和田秀樹は、『60歳からはやりたい放題』（二〇二二）を。島耕作という老けゆくヒーローを育てた経験を生かして男性向け老い本を書いている弘兼憲史は、『弘兼流 60歳からの手ぶら人生』（前出・p46）『弘兼流 60歳から、好きに生きてみないか』（二〇二二）を。やはり老い本の名手である医師の鎌田實は、『60歳からの「忘れる力」』（二〇二三）を刊行している。

それらの本から漂うのは、嫌なことからは離れ、何ものにも縛られずに自由に生きようではないか、というメッセージ。今の前期高齢者世代の場合は、男性が外で働いて女性は家事を担う夫婦が多く、男性は現役時代、仕事に縛られていた。それだけに定年ショックを強く受けがちということで、そのショックを忘れさせるために、

「今までのことはいったん忘れて、何でもアリだと思ってこれからは生きていこうや」

と語りかけるのが、男性向け六十代本である。

男性が弾ける気まんまんなのに対して、六十代女性に向けた本は「ちんまりと生活を楽しみましょう」的なものが多い。詩人で文筆家の銀色夏生は『60歳、女、ひとり、疲れないごはん』（二〇二二）において、「ここまで生きてくると、もうこれからは自分の好きなものを、好きな量だけ、気楽に食べたい」ということで、自身のシンプルな食卓風景を写真で紹介している。

エッセイストの岸本葉子は、『60歳、ひとりを楽しむ準備　人生を大切に生きる53のヒント』（二〇二二）『60代、かろやかに暮らす』（二〇二三）を。宝島社は「60歳すぎたらやめて幸せになれる100のこと」（二〇二一）や「60歳すぎたらひとりを愉しむ100のこと」（二〇二三）といったムック本を。……等々、六十代女性向けの本の多くは、生活に言及している。それも、生活をもっと小さく、シンプルに削ぎ落としていきましょう、というメッセージが込められた本が多いのだ。

仕事には定年や引退があるが、人が生きている限り、家事は必ずついてくる。女性が負担しがちな家事であるからこそ、定年年齢がやってきたなら、無理をして背負い続けずに家事もまた縮小していこうではないか、という提案がそこには込められている。

これは六十代向けの本に限ったことではないのだが、男性向けのハウツー系老い本は、「何のこれしき！」「まだまだこんなもんじゃない！」という姿勢が漏れ出る発奮拡大系が多いのに対して、女性向けの本は、「身の丈《たけ》に合った幸福を楽しみましょう」という恬淡《てんたん》縮小系が多い。

では実際は、とシニア世代を見てみると、女性は友人と一緒にお稽古事に夢中になったり旅行へ出かけまくったり、娘と一緒に推し活に没頭したりと、ギンギンの生活をしているケースが多い。対して男性は、望んだわけではないのに結果的に、草むしりと犬の散歩が日課といった日々を送る人が目立つ。

そう考えると老い本の役割とは、実像とは反対の方向へとシニア達を誘うことなのかもしれない。やりたい放題したいけれどお金はないし仲間もいないし、とついシンプルライフを送ってしまう六十代男性が和田秀樹や弘兼憲史の本を読み、「いつかは自分も」と発奮するのではないか。

また、物欲等から解き放たれた恬淡とした生活に憧れているのに、まだまだ様々な欲望の虜《とりこ》となって日々をガチャガチャと生きてしまう六十代女性がシンプルシニアライフの本を読み、「こういう暮らしもいいわね」などと思うのかもしれない。

〝老い感〟をアピール

そんな違いはあるものの、男であれ女であれ、六十代が初めてのシニア生活に戸惑っていることは、事実であろう。老人、高齢者、シニア。何と呼ばれようと違和感を覚えて戸惑う六十代の気持ちに寄り添うのは、「こう生きよ」「こうせよ」と導こうとするハウツー系の老い本ではなく、読者と同じ戸惑いを抱えた著者による、新人老人向けのエッセイである。

たとえば阿川佐和子の、『老人初心者の覚悟』（二〇一九）。まさに、老人界に入ったばかりの六十代の気持ちをわしづかみにするタイトルである。

読んでみると、実は老いに関する記述は、さほど多くはない。老いについても多少は書いてはあるのだが、全体の三割程度という印象であり、老いとは特に関係のない、日常生活のあれやこれやをユーモラスに書いた、著者らしいエッセイの方が多い。

こちらは、「婦人公論」に連載されたエッセイをまとめた本。連載時のタイトルは「見上げれば三日月」だったということで、特に老人感を押し出してはいなかった。しかし書籍化される時に『老人初心者の覚悟』とのタイトルに変わったのは、「その方が多くの読者の心に響く」という判断がなされたからだろう。

連載開始時、著者は六十代前半。しかし本にまとめた時は六十六歳、つまり前期高齢者となっていた。堂々と「老人」を名乗ることができる年齢になったからこそ、タイトルは変更されたに違いない。

タイトルが老人寄りのものに変更された理由は、著者の年齢のせいばかりでなく、老い本ブームのせいもあろう。老い本ブーム以前であれば、六十代の人気エッセイストが書いたエッセイに、積極的に〝老い感〟を漂わせようとはしなかったはず。タイトルを連載時から変更するにしても、著者の若々しさや元気さをアピールして、読者にわざわざ老いを意識させようとはしなかったのではないか。

しかし老い本ブームが到来すると、「老いの当事者達は、老いの話題を避けて通りたいわけではない。むしろ老いの情報を積極的に得たいのだ」という事実が明白に。著者が前期高齢者になったことは、むしろ読者に対して強くアピールするポイントとなったのだ。

エッセイは、「そうそう」「わかるわかる」という共感を求めて読む読者が多い。老いの問題が重視される時代だからこそ、無理に若ぶらず、老いの看板を早めに掲げるエッセイが目立つようになっている。

団塊の世代の老い感覚

南伸坊『オレって老人？』（二〇一三）も、タイトルからわかるように、老人初心者向けのエッセイである。が、この本もまた『老人初心者の覚悟』と同様に、「老人になった」ということについてのみ書いてある、老いの専門書ではない。食べ物のこと、テレビのことなど、日常のあれこれについて書かれたエッセイの中に、老いの話がぽつりぽつりと混ざっているという構造である。だというのにタイトルが「老い」に寄っているのは、やはり「その方が読者にアピールできるから」であろう。

この本を出した時に、著者は六十六歳だった。法的に前期高齢者であることは、著者も自覚している。しかし本心では、

「私は『まだ若者』のつもりでいるらしいのだ」

という気持ちを、著者は持っているのだった。

「若者！　ってアンタ……。てへへ。エヘヘヘへである」

と自分で突っ込みつつも、若者のつもりでいるのは、著者が一九四七年生まれという団塊の世代だからでもあろう。

「団塊世代の、ほぼ50％は、自分を老人と思っていない」

というのもまた著者の言葉であるが、ずっと若い気持ちのままに世を渡ってきたこの世代の人々は、前期高齢者になっても、その感覚を持ち続けているのだ。

本書の文庫版解説を書いているのは、南伸坊と同世代、つまりは団塊の世代の一人である、中野翠。「戦後民主教育と高度経済成長の中で育ち、大学生となった者は全国的規模で反乱を起こして『全共闘世代』と呼ばれ、ビートルズに熱狂し、男子でも肩まで届くよ

うな長髪にして、学生服を脱ぎ捨て、どこへでもジーンズ姿で出没」したという中野や南の世代は、「ひたすら若さを誇示して来た」。

団塊の世代とは、戦後の日本で、〃若さの偉さ〃のようなものを初めて発見した人達である。年功序列の世だった日本において、年を取っていることのダサさを糾弾し、若者の力を上の世代にアピールすることに、団塊の世代は成功したのだ。

その時の感覚は、大人になっても団塊の人々の中には存在し続けたのだろう。何歳になっても若さを謳歌し続けてきたツケが、

「『もはや抗いがたく忍び寄って来た〃老い〃という事実にどう対処するか？』という形で回って来た」

と、中野は書く。若者感覚でずっと生きてきたら、気がつけば高齢者と言われる年齢になって「えっ」となる、その戸惑いを初めて素直にエッセイに書いたのが、団塊の世代である。

南は、もう一冊の老いエッセイ『おじいさんになったね』（二〇一五）においても、

「私はいま、六十七歳であって、歴《れっき》とした前期高齢者であるけれども、『おじいさん』のつもりがまだないのだ」

と書いている。この、高齢者と言われる年齢になっても、気分としては若者であるとか、

おじいさんになったつもりはないと堂々と戸惑いを表現できる感覚こそ、団塊の世代ならではのものではないか。

新しい高齢者の登場

中野もまた、著書『ほいきた、トシヨリ生活』（二〇二二・親本の『いくつになってもトシヨリ生活の愉しみ』は二〇一九年刊行）の中で、「いい気なもんで、歳を取ったなあという感慨にひたることはめったになく」「なんだかスラスラスラスラと日々が経ってしまったのだった」と書く。はたまた、「私は老いというものをあんまり実感できなかった。ピンと来なかった。悪い冗談としか思えなかった」とも。

「バアサン・ファッション」という章を読めば、コム デ ギャルソンやミナ ペルホネンを着こなす著者に、トシヨリ感は薄い。南伸坊と同様、本人に「おじいさん」「おばあさん」の自覚はないが年齢的にはトシヨリという、新しい高齢者の登場を感じさせるのだ。

高齢になっても、おじいさん、おばあさんの自覚を持たなかった人は、昔からいたのだとは思う。しかし昔の人々は、いつまでも若さの残滓《ざんし》を心中に残していることを恥としていた気がしてならない。

昔の人々は、おじいさん、おばあさんの年になったら、あえて老人感を強く押し出して

いた。その年齢らしさ、男らしさ、女らしさといったものを遵守すべきだった時代の六十代は、本当は思っていたとしても、

「私、まだ若者のつもりでいるんですよね」

とは言えなかったのではないか。

しかし敗戦で全ての価値観ががらりと変わった時代に育った団塊の世代は、男らしさ、女らしさといった「らしさ」を軽視するように。同じように、年をとってもその年齢らしさに違和感を持っていることをさらっと口にできる軽み、というよりは正直さを身につけることとなった。

団塊の世代が前期高齢者となった時にエッセイにおいて示したこの姿勢は、後の老い本業界に影響を与えているように思う。すなわち老人達は、「我々は、老いを受け入れられているわけではない」ということを、この頃から表明するようになったのだ。

老いエッセイにはしばしば、

「老人になるのは初めてなのだから、私だって戸惑っているのだ」

といった記述を見る。昔の老人は、「生まれた時から老人をやっていました」といった泰然とした態度だったが、現代の老人は、「こちとら老い素人なのだから、戸惑って当然」という姿勢。そのような繊細さを老人達がさらけ出すようになったのも、団塊の世代の影

響があるのかもしれない。

後期高齢者となりつつある団塊の世代は今も、自分達がおじいさん、おばあさんになったとは思っていないであろう。そんな彼等はきっと、九十歳になろうと、百歳になろうと、老いに対して初々しい姿勢をもってエッセイを書き続けるに違いない。

四 「乙女老女」は未来志向

黒柳徹子は老い本を書かない

二〇二三年（令和五）に、黒柳徹子『続 窓ぎわのトットちゃん』が刊行されると聞いた時、「とうとう徹子さんも、老い本を出されるのか」と私は思った。『窓ぎわのトットちゃん』から、四十二年。九十代となったトットちゃんが、過去を振り返りつつ老いを見つめる本が出るのだろう、と。

しかし読んでみると、それは全くもって老い本ではなかった。戦前、そして戦争中の話から始まり、戦争が終わると疎開先から東京に戻って進学。やがて俳優の仕事に就いて様々な経験をする……という、トットちゃんの前半生の記だったのであり、自身の老いについては、全く触れられていない。

一作目と同様に、

「トットは、よくよく不運な子だった」

「トットはうれしくて、思わず声を上げた」

などと、あくまでトットの視点で書かれており、高齢者としての黒柳徹子は登場しないのだ。

わずかに「あとがき」には、執筆時点の黒柳徹子が顔を出す。兄のようだった渥美清、母のようだった沢村貞子、姉のようだった山岡久乃……といった、芸能界における家族のような人々は皆、他界してしまったということで、後に残った者の寂しさが、そこには漂う。

しかし、しんみりした話はその程度。一九七六年（昭和五十一）から四十八年続いている『徹子の部屋』については、かねて五十年は続けたいと思っていたが、「最近は百歳まで続けたいと思うようになった」。黒柳徹子の意欲は全く枯れておらず、まだまだ活躍を続ける気合が満ちている。

『続　窓ぎわのトットちゃん』自体も、著者が三十代後半で、ニューヨーク留学へと旅立つところで終わっている。『窓ぎわのトットちゃん』の第三弾もいずれ出るのではないか、と思わせる幕切れなのだ。

あとがきの最後には、百歳まで頭もしっかりしていて『徹子の部屋』を続けることができたならば、

「お母さんになれなかったけどまあいいか、と納得するに違いない」

とあった。著者はかつて、「自分の子どもに、本を上手に読んであげられるお母さんになりたい」と思っていたけれど、お母さんにはならなかったが故の一文である。

しかし『徹子の部屋』を百歳まで続けることができたなら、それも「まあいいか」と思えるだろうし、

「私はそのとき、丈夫な体に育ててくれたパパとママに、ありがとうを言うだろう。私を理解してくれる人たちに、心からありがとうを言うだろう。

なんという、楽しみ！」

と、この本は終わるのだ。

この本を読み終えた私は、「〝老い本を書かない人〟は、やはり違う！」と感銘を深くした。本のあとがきはたいてい、周囲への感謝の言葉で終始しがちである。『窓ぎわのトットちゃん』のように人生を振り返るような本の場合はなおさら、その傾向が強い。

対して黒柳徹子は、百歳まで『徹子の部屋』を続けることができた時に親や周囲の人に感謝をすることを心待ちにしているということで、感謝を将来のお楽しみにしている。母の黒柳朝《ちょう》も九十五歳まで生きた長寿の家系ということもあるのか、百歳まで生き、その時まで『徹子の部屋』を続けることを、ほぼ確実視しているのだ。

九十歳時点でのYahoo!ニュースでのインタビューでは、

「この先も、よいご縁があれば、誰かと結婚するかもしれないとずっと思っています」

「最近はみなさん〝終活〟とおっしゃいますけど、私は全く考えていない」

「今の仕事をこのまま続けていったほうがいいのか、もしくは、今とはかけ離れた世界に入ってみるのも面白いのか……」

と、黒柳徹子は語っていた。九十代ともなれば、人生の着地準備に入る人が大多数だというのに、彼女は未来のことだけを考えて生きている。

終活など全く考えていない、という徹子の話に、私は母である黒柳朝の著書『チョッちゃんだってやるわ』(一九八五)の中にある文章を思い出した。夫を見送った後、七十四歳でチョッちゃんはこの本を出したのだが、彼女は「老後の設計はどう考えていらっしゃいますか?」などと聞かれるとゾッとしてしまうのだそうで、なぜなら、

「そんなことぜんぜん何も考えていないからです」

とのこと。

ずっと専業主婦だった朝は、一九八一年(昭和五十六)に娘が出した『窓ぎわのトットちゃん』の大ヒットにより、一九八二年(昭和五十七)に初の著書『チョッちゃんが行くわよ』を刊行。同書は朝ドラの原作となる。その後も九十五歳で亡くなるまで、朝は『バァバよ大志をいだけ』(一九八六)といった老い本を含め、多くの本を書いた。

『続　窓ぎわのトットちゃん』を読んでも、戦争中に発揮した朝の発想力と行動力には、目を見張る。「終活なんて全く考えていない」という徹子の感覚も、母譲りなのだろう。

朝の場合は、七十代から執筆の仕事を始めたこともあって、デビュー以降、多くの老い本を書いた。しかし娘の徹子はきっとこれからも、老い本を執筆しないことだろう。彼女は何歳になっても限界を定めずに、未来だけを見続けるに違いない。老い本を書かないでいることが黒柳徹子にとっては長寿の秘訣であり、また世の高齢者に対する最も強いメッセージとなっているのだ。

少女の魂を持ち続ける

世界的な児童文学作家の角野栄子もまた、八十九歳(二〇二四年十一月現在)にして、老い本を書いていない。自宅のインテリアや自身のファッションは、目が覚めるようなカラフルな色合い。自身の少女時代を描いた『イコ　トラベリング　１９４８－』（二〇二二）では、戦争が終わって中学校で英語の授業を受けた時、動詞に「ｉｎｇ」がつく〝現在進行形〟というものに俄然惹かれた、という記述がある。

現在進行形に惹かれた少女は、常に何かを行い続ける「ｉｎｇ」つきの人生を送るようになるのだが、それは今なお続いているのだろう。書名にある「トラベリング」は、著者が常に旅の途中であることを意味している。

黒柳徹子にしても角野栄子にしても、老い本を書かない高齢者は、並々ならぬ現役感を漂わせている。黒柳は、テレビ番組の現役司会者にして、日本でもっとも売れた本の作者。そして角野は世界的な児童文学作家であり、ＮＨＫ　Ｅテレでは、彼女の暮らしや旅、ファッション等を紹介するレギュラー番組も放送されている。

特殊な才能を持ち、世の中から求められ続けるからこそ未来を見ることができるのだ、という話もあろう。しかし私は、彼女達は精神の中に、少女性の〝玉〟のようなものをずっと抱き続けているが故に、過去より未来を見続けるのではないか、とも思うのだった。

年を取っても少年の魂を持ち続ける男性は少なくないが、女性の場合はそれが難しいとされてきた。仕事に子育てに家事と、現実的な問題に揉まれているうちに、女性達は少女性をすり減らしがちなのだ。

しかし何歳になっても少女の魂を持ち続ける女性は、ひっそりと存在し続けている。中年になった女性は、現実の問題に忙殺され、少女性を無邪気に発揮することを躊躇する人が多いが、中年時代を終えておばあさんになると、隠されていた少女性が息を吹き返してくる。

まだ人間としての生臭さが残っている中年というお年頃と少女性は、相性が悪い。しかし生々しさがすっかり乾いておばあさんになると、再び少女性が映えるようになってくるものだ。たとえばファッションの面でも、中年期は痛々しく見えてしまうパッチンどめやベレー帽、三つ編みといった少女っぽいアイテムが、おばあさんになると再び、似合うようになってくる。猫のアップリケがついた手作りバッグ、三つ折りのソックスなどを身につけたおばあさん達が生き生きと少女還りしている姿は、実に可愛らしいものである。

一方で、中年期であっても少女性を隠さずに生きてきた人も少数ながら存在するのであり、それが黒柳徹子や角野栄子のような人々である。『続　窓ぎわのトットちゃん』を読めば、黒柳徹子の心の中は、今もトットちゃんのまま。彼女の型にはまらないトークも独特なファッションもパンダ愛も、少女魂のなせる業《わざ》なのであり、おばあさんになるにつれ、彼女の少女性はますます強まっているかのよう。

少女性の玉を大切に抱えたままでおばあさんになる女性達は、かつても存在していた。

たとえば田辺聖子にしても、大きなスヌーピーのぬいぐるみ「スヌー」をはじめとして様々なぬいぐるみや人形と同居するその自宅は、少女の夢の御殿のようだった。ぬいぐるみは田辺にとって家族のような仲間のような存在であり、ぬいぐるみ達との妄想上の会話は、しばしばエッセイにも記されている。

九十一歳の長寿を生き、またエッセイの名手であった田辺は、多くの老い本をものしていそうでいて、意外に老い本を書いていない作家である。小説『姥ざかり』（一九八一）から始まる「姥」シリーズを書き始めたのは、まだ五十代前半のこと。七十代になってからは『楽老抄』（一九九九〜二〇〇九）と名付けられたエッセイのシリーズが刊行されたが、こちらは様々な内容のエッセイを編集したもので、老いについてのみ書かれたものではない。また『老いてこそ上機嫌』（二〇一〇）は、様々な作品の中から名言を集めた箴言《しんげん》集。……ということで、田辺聖子は実は、老いを前面に出したり、老い方を指南したりするような老い本を刊行していない。

そこには、老いの看板を高々と掲げることに対する田辺の躊躇があったのではないかと、私は思う。少女時代を戦争の中で過ごし、少女らしいことができなかったせいもあるかもしれないが、田辺は強い少女性を持ち続ける作家だった。夢中になるものがたくさんあった田辺もまた、未来を見ることに忙しく、正面切って老いを書かなかったのではないか。

ラスボス・森茉莉

少女の魂を持ち続けた作家の中でもラスボス的存在は、森茉莉であろう。森鷗外の長女として一九〇三年（明治三十六）に生まれた、茉莉。二度の結婚と離婚を経た後、五十歳を過ぎた頃から、エッセイを執筆するようになる。父からの、そして父への絶対的な愛情とともに育まれたセンスと自信に裏打ちされたそのエッセイは、唯一無二の個性を湛えている。

茉莉は八十四歳で没する二年前まで、「週刊新潮」でエッセイを連載していた。晩年までエッセイストとしての活動を続けていたわけだが、彼女もまた当然のように、老い本は書いていない。年齢は自覚していても、その精神には、加齢によるシワやシミが全く見られないのである。

北杜夫は森茉莉について、

「天衣無縫そのままといってよい。お嬢さんであった茉莉さんは、齢だけとっても未だにお嬢さんなのである」

と書いている。森茉莉について評する人はこのように皆、彼女の精神の若さを語るのだが、「楽しさのある生活」というエッセイには、

「私は生まれつき考えに枠がない」

と記されている。「子供が朝起きると忽《たちま》ち楽しくて、何か解らない歓声をあげて走ったりする」のは心に枠がないからであり、茉莉もまた、そんな子供と同じように日々、楽しさに包まれていた。

そんな森茉莉が、老いたが故の不平不満や老いかたのコツといったことを書かなかったのは、当然すぎるほどに当然だった。年齢や世代といった考え方も、彼女にとっては「枠」であり、最後まで枠のない考え、枠のない人生の中で、彼女は生きた。

森茉莉は、黒柳徹子に対してシンパシイを抱いていたようである。「黒柳徹子を見て頭に浮んだ私の幻想場面」というエッセイには、

「黒柳徹子はいつも古典的な洋服を着ていて、それが彼女のこれも古典的な髪形に合っている。黒柳徹子は面白い話をするのが商売、私の方は面白いことを書くのが商売、という点で、今の文章を書き始めてからは一種のライヴァルのようになった」

という記述が。七十七歳の森茉莉が、三十歳年下の黒柳徹子を好敵手として見たのは、お互いが同じものを持っているということを、茉莉が感じ取ったから。

『徹子の部屋』で、黒柳徹子が「モオパッサンの小説の挿絵を連想させる洋服」を着ているのを見て、茉莉は頭の中で幻想を膨らませている。黒柳徹子は、ハリエット・ヴァイニ

ング夫人という役どころ。夫人のロンドンの自宅の、薄紫のヒースを溢れるほど挿した仏蘭西製の白い壺が置いて有る居間で、ささやかな慈善事業の団体を作ってバザーを行う、その団体の名として「ロオズマリイ」はどうかとヴァイニング夫人は提案し……。

老い本を書かない森茉莉は、黒柳徹子というキャラクターを頭の中で動かし、甘い幻想に浸った。そんな黒柳徹子の今の姿を森茉莉が見たならば、やはり彼女は豪奢な幻想を繰り広げるに違いなく、その時の黒柳徹子の姿は、決して老いてはいないのだ。

コラム　老い本ブームの先陣を切った二冊の「新しさ」

一九九八年（平成十）に発売された『老人力』（赤瀬川原平）は、四十万部を超えるメガヒット作品となった。その四年前に刊行された、永六輔の『大往生』もまた、日本出版史に残る大ヒット作であり、この二冊は、日本の老い本ブームのスタートを告げた作品と言うことができる。

一九七二年（昭和四十七）刊行の『恍惚の人』（有吉佐和子）が大ベストセラーとなり社会現象化してから、一九九四年（平成六）の『大往生』までの間、同じような影響力を持った老い本は刊行されていない。それは、〝老い本不毛の二十年〟だったのだ。

高度経済成長期を終えた頃から、バブル景気とその崩壊までの時期が、〝老い本不毛の二十年〟である。七〇年代は、日本の高齢化率（総人口に占める六十五歳以上の割合）はまだ二桁に達しておらず、高齢化の進行のスピードも、今ほど急速ではなかった。八〇年代になると高齢化のスピードも上がりはじめ、少子化も相まっての危機が強まってきたものの、世はバブルに向かって一直線。人々は高齢化に対する切迫感を持っていなかったのであり、ベストセラーランキングにも老い本は顔を出さない。

バブルという浮かれた時代が終わった後、長く続くことになる不景気の時代に大ヒットしたのが、『大往生』そして『老人力』だった。それぞれの本の刊行時、永も赤瀬川も、六十代になったばかり。老いという事象に敏感な〝老い素人〟であったからこそ、斬新な老い本を世に出すことができたのだろう。

自身に訪れた老いと同時に、日本が国として老いはじめたことをも、時代を見る能力に優れた二人は、感じ取っていたに違いない。

終戦後、マッカーサーは日本人のことを「十二歳の少年のよう」だと言ったが、敗戦時にまさに十二歳だったのが、永六輔。自身の還暦を、日本の老境入りと重ね合わせていたのではないか。

『老人力』は、従来は「ぼけ」と言われていた老化による衰えを、反対に「老人力」とプラスに捉えることによって未知なる世界が見えるのではないか、とする試みの書である。物忘れなどの事象も、逆から見れば一種のパワー。……という感覚が高齢者を励まし、爆発的なヒットとなった。

本書で興味深いのは、老人以外も老人力を持っている、という記述だ。九〇年代に話題になっていたオヤジギャル（温泉、競馬、ゴルフなど、当時はおじさんっぽいとされていた行為を好んだ若い女性のこと。『老人力』の中では「おじんギャル」と記される）は、その「世間一般の体内に深く発した老人力の、まだその名も持たぬ時代の受胎告知」なのだ、と。

温泉、競馬、ゴルフなどを好む女性は、今や珍しくない。若者が、レコードやフィルムカメラといった昭和の文化に熱中する令和の世を見れば、老人以外の人々の中でも老人力が育まれ続けていることが理解できるのであり、それは、日本という国の老化具合とリンクするかのよう。

刊行から約三十年が経ち、『老人力』の主張を知る人は、少なくなっている。今、過去を知らない若者が「老人力」という言葉を耳にしたら、「老人なのにこんなに元気」「老人なのにこんなきれい」などと、衰えに抵抗する高齢者のことを想像するだろう。

しかし、衰えを敗北や後退と捉えるのではなく、「力の変化」と考える『老人力』の精神は、超高齢化時代の今こそ必要とされているのではないか。「老人なのにこんなに」系の老い本が多い今、改めて『老人力』の新しさは、光を放っている。

第三章　老いのライフスタイル

一　一人暮らし

一人で暮らす百二歳

近年の老い本ブームの、大きな特徴。それは、市井《しせい》の高齢者達が本を出し、話題になっていることである。

昔の高齢者達も、老い本を書いてはいた。しかしそれらは、作家であったり学者であったりと、もともとが文筆のプロとして活動していた人々や、何らかの分野で高名な人が高齢となったので書いた、という老い本だった。『瘋癲《ふうてん》老人日記』（一九六二）の谷崎潤一郎にしても、『私　何だか　死なないような気がするんですよ　心とからだについての282の知恵』（一九九五）の宇野千代にしても、『生きかた上手』（前出・P68）の日野原重明にしても、そのような老い本作家だったのである。

しかし現在の老い本ブームにおいては、名前だけ聞くと誰だかわからない一般老人が、さかんに書籍を刊行している。のみならずそれがまたよく売れて、老いスター化しているのだ。

たとえば、石井哲代。老い本に興味が無い人にとっては「?」という名前だが、既に紹介した『102歳、一人暮らし。哲代おばあちゃんの心も体もさびない生き方』（前出・p69、74）は十七万五千部（二〇二四年十月現在）というベストセラーとなった。

哲代さんは、広島県尾道市の山あいの町で、一人で暮らす女性である。五十六歳まで小学校の教員を務め、二〇〇三年（平成十五）に夫が他界した後は、畑仕事などをしながら、一軒家を守る生活を送っている。

夫に先立たれて一人暮らしをしている高齢女性は日本中に数多く存在しているが、そんな中で哲代さんがなぜ本を出すに至ったのか。『102歳、一人暮らし。』を読むと、その理由が理解できる。

第一に挙げることができるのは、その年齢である。百二歳（当時）にして、施設に入らず一軒家で一人暮らしをするというそのパワーに、我々はまず感動する。

哲代さんのフォトジェニックぶりも、特筆すべきポイントの一つではある。今は、高齢者も外見の時代となっているが、それは若く見えた方がよいということではない。無理に若く見せるのでなく、福々しかったり可愛らしかったりと、高齢者として幸せに生きている雰囲気がその外見から滲《にじ》み出る人が好まれるわけで、哲代さんは、まさにそのようなお顔をされている。

『102歳、一人暮らし。』は、カバーにも哲代さんが縁側で微笑む写真が使用されているが、他にも大根を抜く哲代、体操をする哲代、ラーメンをすする哲代……と、この本は哲代さんのフォトブックのようにもなっている。笑顔を絶やさず肌艶のよい哲代さんは、見ているだけでご利益《りやく》がありそうな存在だ。

小柄で笑顔が素敵な哲代さんは、いわゆる「かわいいおばあちゃん」なのだが、群〝雌〟割拠の老いスターの世界ではもう、かわいいだけで人気者になることはできない。哲代さんは長年小学校の教員を務めただけあって、行動力や思いやり、責任感といった社会性をたっぷりと持っているのであり、座右の銘は「さびない鍬《くわ》でありたい」。読み進めるうちに、読者はその人生哲学に励まされるのだ。

哲代さんに最初に注目したのは、地元の中国新聞の記者である。「人生百年時代のモデルを見つけた」という思いから、百歳で一人暮らしをする女性のルポとして新聞に連載されると大きな話題になり、書籍化へとつながった。

哲代さんをはじめとして、一人暮らしをする市井の高齢女性が書いた本は多い。哲代さんの場合は新聞経由だったが、ネット時代の今、老い本作家達は、ブログやインスタグラムといった媒体においてまず注目されるケースが目立つ。

たとえば、最初はシニアブロガーとして注目されていたショコラさんは、『58歳から日々を大切に小さく暮らす』(二〇一九)が十万部超のヒットに。二作目の『65歳から心ゆたかに暮らすために大切なこと』（二〇二一）は、「月12万円の年金で、のびやかに暮らす」ための様々な工夫を紹介している。

同じくシニアブロガーの紫苑さんは、二〇二二年（令和四）刊の『71歳、年金月5万円、あるもので工夫する楽しい節約生活』が、話題になった。また多良美智子さんは、孫がその姿をYouTubeにアップしていたことがきっかけとなり、人気ユーチューバーに。『87歳、古い団地で愉しむ　ひとりの暮らし』（二〇二二）『88歳ひとり暮らしの　元気をつくる台所』（二〇二三）が大ヒット。……と、SNSが元となって、素人シニアの一人暮らし本が、次々と刊行されているのだ。

三十年間、老い本を書き続けた先駆者

これら素人シニア一人暮らし本には、いくつかの共通点を見ることができる。まずは本のタイトルの冒頭に年齢が来る、というところ。

これは、老い本界の巨星である佐藤愛子の大ベストセラー『九十歳。何がめでたい』（二〇一六）を踏襲するスタイルと言うこともできる。が、この「まず年齢」というスタイルの先駆者は、老い本ブームが到来する前から、ひとりコツコツと毎年老い本を刊行していた、家事評論家の吉沢久子である。

一九一八年（大正七）生まれの吉沢は、三十代から生活関係の本を書き続け、六十代の末には、初の老い本『美しく老いる』（一九八六）を刊行。以降、百一歳で亡くなる前年まで、三十年にわたって老い本を書き続けた。人生百年時代も、老い本ブームも先取りしていた存在と言えよう。

吉沢は、二〇〇三年（平成十五）に『八十五歳、老いを楽しむ人づきあい』を刊行。九十代になると、『90歳。一人暮らしをたのしんで生きる』（二〇〇八）『91歳。今日を悔いなく幸せに』（二〇〇九）『92歳。小さなしあわせを集めて生きる』（二〇一〇）……と、年齢を冒頭に掲げたタイトルの本を毎年刊行し、それが百歳まで続いたのである。

ちなみに吉沢の百歳関連本は、ちょうど老い本ブームが隆盛となった時期だったこともあり、計八冊も刊行されている。三十年ものあいだ老い本を書き続けた吉沢だが、人生の最晩年になってやっと老い本ブームが到来したということで、百歳本が多数、刊行されたのだろう。「まず年齢」という自らが編み出したタイトルの法則を踏襲する老い本群の大量刊行を見届けて、吉沢は天に召された。

吉沢もまた一九八四年（昭和五十九）に夫に先立たれ、以降一人暮らしを続けていた。吉沢はいわば、生活系のシニア一人暮らし本の世界を拓いた人物と言えよう。

素人シニア一人暮らし本の第二の特徴は、「著者は女性」というところである。その手の本の著者の多くは、夫と死別もしくは離別し、子供はすでに独立した女性達である。

彼女達は、経済的に恵まれているわけではない。樋口恵子は、日本の高齢女性は専業主婦だった人が多いため、老後に一人暮らしとなると、日本名物「ＢＢ」（貧乏ばあさん）になりがちである、と書いている。確かに、働いていてもパート程度の女性が多かった昭和の専業主婦達は、経済的には余裕がないケースが多い。

しかし素人シニア女性による一人暮らし本は、そのような人が書くからこそ、読者の共感を呼ぶ。限られた年金と収入の中で、素人老いスター達が工夫しながら心豊かな生活を送る様子を紹介することで、日本のＢＢ達は「私もこんな生活を送りたい」という希望を抱くのだ。

理想の死に方は永井荷風

男性で同様の本を出している人は、ほとんど目につかない。二〇二四年（令和六）には、人気男性シニアユーチューバー、ぺこりーのによる『妻より長生きしてしまいまして。金はないが暇はある、老人ひとり愉快に暮らす』が刊行され、一人暮らしのノウハウなどが紹介された。帯には「ようやく妻が死んでくれた。ついに自由を手に入れたぞ！」とあるが、本文においては、妻に先立たれた寂しさから逃れられない様子が記されている。

そもそも女性の平均寿命の方が長いので、妻が夫を看取ってその後、一人暮らしとなる確率の方が高いと言うことはできよう。内閣府の調査（二〇二〇年）によると、六十五歳以上の高齢者で一人暮らしをしている女性は約四百四十万人であるのに対して、男性は約二百三十万人と、半分程度。高齢一人暮らしの世帯は、圧倒的に女性が多いのだ。

家事能力の差も、関わってこよう。現在の高齢者は、妻の専業主婦率が高く、男性が家事を担う感覚がまだ育っていない世代。男性が妻に先立たれた場合、途端に日々の生活に困窮しがちである。

妻に先立たれた男性を見ていると、経済力を豊富に持つ人の場合は、すぐに再婚するか、妻に類した女性パートナーを身近に置いて家事を担ってもらうというケースが多いものである。

そうでない男性の場合は、妻亡き後、栄養不足になって激やせしたり、反対にコンビニ食ばかりでカロリー過多となって激太りしたりと、健康を害する人が多い。妻を追うように亡くなる人もいるのであり、彼等はひとりになると、途端に生活弱者となってしまうのだ。

老い本界の歴史をふりかえると、シニア男性の一人暮らしを書いた本が皆無というわけではない。永井荷風『断腸亭日乗』（一九六四）は、その古典にして代表的な一冊と言えよう。同書は、永井荷風が中年期から始めた日記であり、七十九歳で亡くなる前日まで書き続けた。家族を持たない荷風は、孫に囲まれるような晩年は過ごしていない。七十代になっても頻繁に浅草に通い、ロック座（ストリップ劇場）の楽屋に顔を出したりアリゾナ（洋食店）で食事をしたりと、したいことをしている一方、数えで七十歳になった年の元日には、

「晴。来訪者なし。終日家に在り」

との記述の後、

「七十になりしあしたのさびしさを誰にや告げむ松風のこゑ」

という歌が詠まれているのだった。

時代は飛ぶが、老い本ブームの中で多くの本を出している弘兼憲史は、『一人暮らしパラダイス』（二〇二〇）という本を出している。「弘兼流　熟年世代の『第二の人生』」とのサブタイトルがついたこの本において弘兼は、中高年男性に一人暮らしを勧めている。家族から離れて、自分のしたいことをしよう。家事もその気になればできるようになる。……と書く著者自身も、「結婚していても同居はしていない」とのことで、一人暮らしを堪能している模様。

著者は、永井荷風の死に方を理想としている。荷風は七十九歳まで一人で好きなように生き、ある朝お手伝いさんが荷風宅に行くと、既に事切れていた。胃潰瘍からくる吐血に

よる窒息死だったのだが、皆の憧れ・ポックリ死の一種と言うことができるのであり、弘兼は、第二の荷風を目指しているようにも見える。

老い本に描かれるシニア男性の一人暮らしというのは、こうしてみると、お金持ちの趣味のようなものでもあるのだった。荷風は生まれながらのおぼっちゃまであり、弘兼は大人気のマンガ家。両者ともに家族というくびきをあえて避けて、一人暮らしをしている。人生の最後に好きなように生きてポックリ死というのは、最高の贅沢として憧れられる人生の仕上げなのだ。

シングルシニア男性の哲学

海老坂武の『自由に老いる　おひとりさまのあした』(二〇一五)も、基本的には「あえてやっています」という雰囲気が漂う本である。フランス文学者の著者は、一九三四年(昭和九)生まれ。一九八六年(昭和六十一)に出したエッセイ『シングル・ライフ』が大ヒットし、話題となった。

『シングル・ライフ』では、独身を貫く海老坂がなぜ結婚しないのか、そしてどのような日々を送っているかが綴られた。今もそうだが、男性が独身の弁を述べる本は珍しく、同書の大ヒットによって、独身者のことが「シングル」と言われるようにもなった。

海老坂が独身の弁を公にすることができたのは、それが自分で選んだ状態だったからであろう。結婚がしたくてもできないのではなく、生活の「根」を持つことに対する忌避感を持っているから海老坂は結婚しないのであり、そこには拙著『負け犬の遠吠え』（二〇〇三）に満ちる負け感は、漂わない。負け犬とは異なり、「結婚しようと思えばいつでもできたが、あえてしなかったのです」というムードが、そこには漂う。

そんな海老坂はシングルのままで老い、『自由に老いる』を出した時点で八十歳になっていた。難聴や意欲、感情の減退など、様々な心身の変化を感じつつ、彼はこの先の人生を見つめている。

海老坂もまた、永井荷風の死に方については、「いい死に方だとは思う」としている。本当は『楢山節考』のおりんばあさんの死が理想だが、「あれは家族の協力が必要だから」ということで、次善の策感覚で荷風の死を見ている模様。

このように、シニアの一人暮らしを書いた数少ない男性達は、荷風的な縛られない老年時代や、孤高の死を夢見ている。鴨長明や兼好法師から連綿と続く隠遁願望が、彼等の中には今も生き続けているのだろう。

谷川俊太郎のエッセイ集『ひとり暮らし』（二〇〇一）にも、

「もたれ合う、依存し合う家族よりも、ゆるやかな絆でむすばれた個人の集まりとして家族をとらえるほうがいいのではないか」

との文がある。谷川は三度目の離婚後に一人暮らしとなったが、家族の縛りから離れたいという意識が、この文章からも滲み出るかのよう。

いずれにしても老年一人暮らしについて書く男性は皆、功成り名を遂げた人物である。自信と余裕を持つ彼等は、今兼好、今荷風というような風流人であり、ショコラさんや紫苑さんや(多良)美智子さんのように、年金額を公開したり、エレベーターなしの団地に住んでいたりするわけではない。一人暮らしが高尚な趣味、もしくは哲学のようになっているのが、シニア男性の世界である。

一人暮らしをする市井の男性による生活本は、そんなわけでほとんどその例を見ることがない。きっと老い本の編集者達は、男性の生活系老いスターを血眼《ちまなこ》になって探しているのだとは思うが、なかなか発見できないのだろう。

生活系の老い本の著者に男性シニアがいない理由の一つに、ビジュアル面の問題をあげることもできよう。先述のように、今は高齢者もビジュアルの時代である。ショコラさん等の、SNS出身の女性達は、センスとビジュアルが良いのでSNSの中でも目立つ存在になることができた。彼女達は、お金をかけてはいないが、いつもこざっぱりとした格好をしており、フォトジェニックでもあるからこそ、ビジュアルブックの被写体になることができる。

その点、シニア男性は、被写体として今ひとつパッとしない。現役時代は日々スーツを着ていた人が多いせいか、私服のセンスがあまり発達していないのだ。退職後のシニア男性はたいてい皆、同じような格好をしているのであり、ご近所を歩いている姿を見ても、どこの家の人なのか見分けがつかないほど。

センスだけでなく、愛嬌、かわいげといった要素においても、高齢男性は高齢女性に後れをとっている。女性の場合は「かわいいおばあちゃん」を目指す人がいるのに対して、男性は愛されるための用意ができていないのであり、一人暮らしをするシニア男性のビジュアルブックは、まだ想像しがたいものがある。

とはいえ今後は、この分野でも男性達の猛追が始まるのだろう。人生が百年続くかもしれないということは、退職後の余生が、三十年以上続く可能性があるということ。それは、家事に次ぐ家事という日々が延々と続くということでもある。

専業主婦を妻に持っていた男性は、家事をとるに足らないこととして捉えているかもしれないが、しかし家事は真剣に取り組むと、創造的かつやりがいのある仕事でもある。凝り性の男性が開眼さえすれば、女性以上に家事に邁進するに違いないのであり、そこから次の老いスターが誕生する可能性もある。

そして家事の魅力が男性にも伝われば、シニア男性が妻に先立たれた後、慌てて次の家事要員を探そうとして後妻業者に引っかかるケースも、減少することだろう。一人暮らしをする男性老いスターが、料理や節約のコツを説く本が出てきた時、日本の高齢者の世界は、新たな段階に進むに違いない。

二 おしゃれの伝承

ファッション界の老いスター

私の青春時代、すなわち昭和の末期は、女性ファッション誌というと、十~二十代向けのものが中心だった。その手の雑誌は、結婚という目的のために自身を美しく見せる必要がある独身女性を対象としていたのである。

そんな中、一九九五年(平成七年)に、三十代女性向けの「VERY」が創刊された時、私は驚いたものだった。「VERY」は、大学生向け女性誌である「JJ」の姉誌的な存在として、当時三十代にならんとしていたバブル世代をターゲットにして創刊された。まさにバブル世代である私は、「三十代になってもまだ、服だのメイクだのモテだのという話題から逃げられないのか」と思ったものだ。

その後、バブル世代が年をとる毎《ごと》に、四十代向け、五十代向け……と、中年向けのファッション誌が次々に創刊されるように。モーセが海を割るかのように、バブル世代は中年期以降のファッション誌業界を開拓してきたのだが、今は高齢化時代を受けて、六十代以上のシニア層向けのファッション誌も存在している。

すなわち今は、おばあさんもセンスが問われる時代なのだった。かつてのおばあさんというと、普段は町内の洋品店で売られているような、流行やセンスとは無縁の楽な服を身につけ、ハレの機会には一張羅を着る、という人が多かった。対して今は、若い頃から服好きであった人達が普段着であってもセンスを求めつつ、おばあさんになっていく。

シニア向けファッション誌では今、おしゃれ界の老いスター達が輝いている。ファッションデザイナーの島田順子は、パリと東京を行き来する日々を発信。俳優の岩城滉一夫人でモデルの結城アンナは、シニアファッション誌の表紙を数多く飾りつつ、料理やライフスタイルの本も刊行している。川邉サチコは『カッコよく年をとりなさい　グレイヘア・マダムが教える30のセオリー』(二〇一九)といった本を出しつつ、八十代半ばにして現役の美容家として活躍しており、そしてやはり八十代の木村眞由美は、ファッションブログから人気に火がつき、自身のファッションを紹介するスタイルブックを毎年のように刊行……。

このように様々なジャンルにシニアファッションのカリスマが存在するのだが、その中でも大御所的な存在は、俳優の草笛光子であろう。一九三三年（昭和八）に生まれ、若い頃から俳優として活躍を続けてきた草笛だが、八十代の頃からは、美シニアとしてもブレイク。『草笛光子　90歳のクローゼット』（帯には「人生100年時代のヒロイン」との一文が／前出p69）といったファッションブックも刊行されている。

これらファッション界の老いスター達には、いくつかの特徴がある。まず目につきやすいのは、「グレイヘア」だというところ。すなわち彼女達は皆、白髪染めをしていないのだ。

かつて俳優や政治家といった有名な高齢女性達は、髪を黒々と染め、フロンガスがたっぷり入ったスプレーで、ヘアスタイルをがっちりと固めていた。その頃の高齢女性は、白髪という自身の弱みをさらけ出すことができなかったのだ。

しかし高齢化が進むうちに、老化現象を頑《かたく》なに隠し続ける方が不自然である、という感覚が主流になってくる。不自然に若さを保ち続けるよりも、自然な老いの中に美しさやセンスを感じさせるところが昨今の美シニアの特徴であり、グレイヘアはその目印のようになっている。

アナウンサーの近藤サトがグレイヘア宣言をしたこと等をきっかけに、白髪を染めないグレイヘアの中高年が増加した。しかし島田順子等、おしゃれ界のベテラン老いスターは、ブームがくる前からグレイヘアを無造作にアップにしている人が多かった。ほぼ銀髪のようなグレイヘアは、漆黒の髪よりもかえって服をおしゃれに見せることを、もともとセンスの良い人々は知っていたのだ。

彼女達はただ素敵な服を着ているだけでなく、ライフスタイルや生き方もまた、センスが良い。たとえば『草笛光子　90歳のクローゼット』には、「私の人生と服はセットです」とある。単にスタイリストが用意した服を着るのではなく、自身の精神や人生を体現するような服を着る人が、憧れの老いスターとなっている。

二〇一八年（平成三十）に亡くなった樹木希林も、そのような意味において代表的な老いスターであった。個性的なファッションを着こなし、もちろんグレイヘアだった彼女の死の前後には、名言集的な本が多数刊行された。服にも生き方にも、自身のポリシーを貫く強さが宿っていたのであり、人々はその強さに、今なお惹かれ続けている。

着物を着ない美シニア

ファッション系老いスター達のもう一つの特徴、それは、「自分で稼いだお金で買った服を着ている」というところである。若い頃から職業を持ち続け、夫のお金で買った服ではなく、自分で買った服を着てきた彼女達。老境に入っても年金感を漂わせず、誰にも左右されない自分好みの服を自分のお金で買うという自立の精神が、そこからは感じられる。

さらにもう一つ、「洋風」というところも、彼女達の特徴である。高齢女性というと着物、というイメージがかつてはあったが、今時の美シニア達は、着物を着ないのだ。

たとえば『草笛光子　90歳のクローゼット』には、草笛が着物を着た写真は一枚も載っていないし、着物コレクションも写っていない。一流ブランドのジャケットにZARAのパンツを合わせるといった〝コーデ〟は、今の若者と大して変わらない。

かつては、大女優といえば着物という印象があり、

「若い方々にも、もっと着物の魅力を知っていただきたいものです」

といった、次世代への着物文化の継承を求める発言も目についた。しかし今のおしゃれシニア達からは、着物警察的なおしつけがましさは一切感じられない。

樹木希林の場合は、おしゃれシニアの中では数少ない着物好きだった。古い着物を自身の感覚でアレンジして着るスタイルは、彼女独自のもの。なかなか真似ることのできないそのセンスは、着物の着こなしにも溢れている。

樹木希林のような特殊事例を除けば、あまり着物を着なくなっている昨今のおしゃれ老

女達。彼女達を見ていると、センス良く洋服を着こなすことができる世代がすでにシニア世代に突入した、という時代の変化を感じる。

昭和時代、着物はおばあさんのユニフォームだった。普段から着物を着ている高齢女性は珍しくなく、ひっつめ髪に着物という、いじわるばあさんのようなおばあさんはあちこちにいた。

私が生まれた時から大学生の頃まで同居していた祖母もまた、ほとんどいじわるばあさんと同じスタイルで日々を過ごしていたものだ。盛夏のひとときのみ、木綿のワンピース（祖母は「アッパッパ」と言っていた気が）を着ていた記憶はあるが、他はいついかなる時も、着物だった。

今は、どれほどの高齢者であっても、日常的に着物を着ている人は少ない。着物は、成人式や結婚式等、特別な時にだけ着る行事服となったのであり、高齢者であればあるほど「着物は着るのが大変」と、着物離れしているのだ。日常的に着物を着る高齢者は、伝統芸能や花街関係、旅館の女将といった、和風職業の女性に限られるのではないか。

しかし昭和末期にはまだ、普段から着物を着る一般のおばあさんがギリギリ、生存していた。『サザエさん』のフネも、たまに洋服を着ることがあるものの、たいていは着物姿。いじわるばあさんやフネもまた、我が祖母と同様に明治生まれという設定だったものと思われる。

日本人が本格的に着物から洋服へと移行したのは、戦後になってから。敗戦時、すでにいい大人になっていた世代の女性の中には、どれほど洋服が活動的であっても、着慣れた着物の方が楽、ということで戦後も着物を着続けた人が多かったのであり、いじわるばあさんやフネ、そして我が祖母も、その一人だった。

幸田文と白洲正子

昭和時代にもおしゃれ老いスターは存在したのであり、その代表例としては幸田文、白洲正子をあげることができよう。一九〇四年(明治三十七)生まれの幸田文は、終戦時に四十代になっていた。また一九一〇年(明治四十三)生まれの白洲正子は、終戦時に三十代半ば。着物ネイティブ世代と言うことができる。

二人は共に、着物が消えゆく時代に、着物に関する文章を多く書いている。明治の女性はその頃、着物が着られなくなっていくことに寂しさを感じていたのだろう。

とはいえ二人の着物に対する感覚は、同世代とはいえ全く異なるものだった。白洲正子は伯爵家の令嬢であり、学習院女子部初等科修了後、十四歳でアメリカ留学するという特殊な経歴の持ち主。国際派の白洲次郎と結婚したこともあり、海外の視点で日本文化を見ていた。着物も着るが、エルメスもサンローランも持っていたし、ジバンシイのドレスでパーティーへ、ルイ・ヴィトンのトランクで旅へ……と、生まれた〝クラス〟によってそのセンスは形成されていた。

対して幸田文は、父・露伴から和風のしつけを厳しく受けている。母が若くして亡くなったため、着るものに関しては、祖母の教えも多く受けていたようだ。

幸田文『きもの』(一九九三)は、著者の自伝的な長編小説とされている。主人公・るつ子の少女時代から結婚するまでが着物を通して描かれるのだが、るつ子の母も若くして病となり、やがて他界。るつ子は、同居している祖母から、様々な教えを受ける。

るつ子の祖母は、優しくも賢く、世間と人とを冷静に見る目を持つ人物だった。四人きょうだいの末っ子で、何かと損な役まわりのるつ子にさりげない気遣いを見せ、また関東大震災の時は、的確な判断を素早く下して、自身とるつ子の命を守った。

『きもの』はすなわち、るつ子という著者を思わせる少女の成長譚であると同時に、古風な威厳を持つおばあさんを書いた〝おばあさん小説〟でもある。おばあさんの薫陶によって、るつ子は確実におばあさんの智恵を継承していくのだ。

中でも特徴的なのは、着物についての教えである。着物の着方、脱ぎ方。葬儀の時の着物、婚礼の時の着物は、どう選び、どう着たらよいのか。決して豊かではない家計の中で、おばあさんは工夫をしながら、るつ子に着るものの心得を伝えていく。

ある時は、るつ子がやけに男性達から色目をつかわれるようになるのだった。挙げ句の果てには、電車の中で痴漢に遭うという実害も受けてしまう。

当時から電車に痴漢がいたのか、と驚くのだが、その時におばあさんは、

「あたしはこれは着物のせいがあると思うよ」

と言う。その頃、るつ子は姉からもらった横縞《よこしま》の着物をよく着ていたのであり、その着物に対しておばあさんは、

「裸の恰好がよくわかるものだと思わないかね。肉附きがはっきり出やしないかね」

と指摘する。横縞は、女性の肉体をより立体的に見せる。だから「見る気で見れば、着物の下のからだの恰好は、裸ほどにもあらわにわかる」のだ、と。

電車で嫌な思いをしたのは、着る人のせいでもあり、着物のせいでもあり、見る人のせいでもあるが、「つまりはきものに未熟」だから。おばあさんからそう聞かされ、るつ子はその着物を着なくなるのだった。

現代であれば、どこをどれだけ露出した服を着ようと本人の自由であり、それでムラムラした男性から痴漢被害を受けたなら、男性側に非があることになる。しかしおばあさんは、横縞の着物がどのような視覚効果を異性にもたらすかを意識せずに身につける側にも

問題があると、孫を導いた。

次世代が受け継ぐもの

全ての世代の人々が日常的に着物を着ていた時代は、このように様々な着物に関する智恵が、年寄りから若い世代へと伝えられたことだろう。のみならず、着物そのものもまた、次の世代へと受け継がれていった。

しかし戦後、日本人が着物を着なくなると、そのような伝承は中断される。我が家においても、私が祖母から着物について教えを受けたことは無い。子供世代も孫世代も着物を着ることはなくなり、家庭内で着物を着ていたのは祖母一人。祖母が着物について話す相手は、いなくなったのだ。

唯一思い出すのは、中学生の時のこと。運動会の応援合戦のコスプレで使用するため、友人から剣道の袴を借りたことがあるのだが、使用後に洗ってから、「どうやって畳むのだろう?」と私は途方にくれていた。すると祖母が、

「ちょっと」

と袴を手に取り、初めて見る美しい畳み方をしてくれた。

学校に通っていた時分に着ていた袴を、祖母はこのように畳んでいたのか。……と、祖

母の若い頃が想像されるかのような一瞬の出来事。しかしその後、祖母の手腕は二度と発揮されることはなかった。母も私も着物には全く興味がなく、着たいとも思わなかったのである。

我が家だけでなく、日本の多くの家庭において、同様の事態が起こっていたのだろう。娘一家と同居しているフネも、着物についてサザエ達に教えている様子は見受けられないし、着物を着るようにと指示もしない。フネは毎日着物姿であるのに対して、サザエは、正月などにたまに着物を着るくらいで、日常的には洋服。もちろん孫のタラオも洋服で過ごすのが当たり前という、我が家と同じ状態なのである。

これは、着物に限った話ではない。敗戦後、日本がその姿を大きく変えると、お年寄り達がそれまで祖先から脈々と受け継いできた智恵を、若い世代は必要としなくなった。高齢者は、智恵を持つ人ではなく、新しい情報についていくことができない人となり、その肩身がぐっと狭くなったのである。

そんな世において、幸田家や白洲家では、そのセンスと智恵を、娘達が受け継いでいるようだ。幸田文の娘の青木玉は、母が遺した着物を自ら身につける心情などを『着物あとさき』（二〇〇六）に書いている。白洲正子の娘の牧山桂子は、『武相荘《ぶあいそう》、おしゃれ語り　白洲次郎・正子の長女がつづる「装いのプリンシプル」』（二〇二一）という本の中で、両親から受け継いだおしゃれの「プリンシプル」を説いているのであり、そこには着物も含まれている。

親のものを子が受け継ぐというのは、今や本になるほどの特殊な事例。消費しては廃棄することが当たり前の時代、世代を超えて受け継ぐことができるものが残っているのは、特別な家だけとなった。

今、おしゃれ界の老いスターとして輝いている女性達は、幸田文や白洲正子の娘のような年代である。サザエさん一家に置き換えるならば、着物には興味が無い世代のサザエが、八十代になったのだ。幸田家や白洲家の娘ではない女性達は、若い頃からずっと洋服を着続け、海外のブランドものも経験し、センスを積み重ねてきた。親が遺した着物に袖を通す機会はほとんど無く、孫世代に聞いてみても、

「いらなーい」

と言われてしまう。そろそろ親の着物は、処分しなくてはならないのだろう。

しかし彼女達は、エルメスやシャネルを持っている。あるお金持ちの友人は、母親の没後、

「母が遺したもので、私が使ってもいいなって思えるのって結局、エルメスとダイヤモンドだけなのよね」

と漏らしていた。着物はいらなくてもエルメスであれば娘や孫も貰ってくれるというこ

とで、おしゃれなおばあさん達の魂は今、エルメスに乗り移って子や孫へと伝わっていくのだろう。

三　おばあさんと料理

昭和の〝おばあさん本ブーム〟

一九七〇年代の半ばのこと。日本にはちょっとした〝おばあさん本ブーム〟が発生していた。

きっかけとなったのは、『おばあさんの知恵袋』（一九七六）という本。著者は「桑井いね」となっているが、実際に書いたのは、家事評論家の西川勢津子である。この本がベストセラーとなったことにより、その後「おばあさんの〇〇」といった柳の下系の企画が多数、見られるようになっていく。

桑井いねは、一九〇一年（明治三十四）生まれで、この本が刊行された時に七十代半ば。……という設定であるが、この本を実際に書いた西川勢津子は一九二二年（大正十一）生まれなので、刊行時は五十代半ば。西川は、自身より二十歳ほど年上の女性になりきって、思い出話や衣食住のヒントについて書いている。

おそらく西川は、すっかり軽くなった昭和の時代に、明治生まれのおばあさんでなくては知らない様々な生活の作法を残しておきたいと思ったのだろう。それは、学習さえすれば誰もが身につけられる「知識」ではなく、伝承や経験によってしか身につけることができない「知恵」であるところがポイント。狙いは当たってこの本はヒットし、続編も刊行されることとなった。

当時の日本では、若者の時代が始まっていた。『おばあさんの知恵袋』が刊行された一九七六年（昭和五十一）には雑誌「ポパイ」が創刊され、スニーカーやスケートボードといったアメリカのスポーティーなファッションや文化が流行するなど、学生運動の時代よりもさらに軽い物質文化が栄えはじめていた。そんな時代に、あえて明治女の質素堅実な生活習慣や精神を、この本は紹介したのだ。

たとえば本書には、

「子供たちがおいしいものを食べたがりますと、『おいやし』などと言って、いやしいこと、はしたないことと叱り、たしなめました。今は、グルメとやらいいまして、食い意地が張っていますのも一つの誇りのようでございます」

といった記述が。浮かれゆく社会に対する警鐘を、明治女は厳《おごそ》かに鳴らしている。

当時は核家族化が進み、三世代同居率が下がっていく時代でもあった。若い世代にとって「おばあさん」は、共に住む存在ではなくなっていたのだ。そんな時代にこの本は、生身のおばあさんの代替物として受け入れられたのだろう。

一九七〇年（昭和四十五）には、塩月弥栄子が書いた『冠婚葬祭入門』が超ベストセラーとなり、次々に続編も刊行された。この本に書かれた冠婚葬祭に関するマナーも、従来であれば母親なり姑なりから教わっていたもの。そのような知識を教えるハウツー本が出版され、三百万部をこえる大ヒットとなったのは、生身のおばあさんからの伝承が途絶えたことを意味するのではないか。

西川勢津子もそうだったが、「家事評論家」を名乗る人がこの頃に目立つようになったのも、若い家族がおばあさんと同居しなくなったことに関係していよう。家事評論家として長年活動を続け、百一歳で亡くなるまで、多数のおばあさん本を書き続けた吉沢久子も、西川勢津子と同年代だった。塩月弥栄子もまた、西川や吉沢と同年代の大正生まれなのであり、家事評論家達は一九七〇年代から、家族の中で伝えられなくなった家事技術や礼儀作法を伝える役割を務めていたのだ。

「明治女」の完全手作り主義

西川勢津子の場合、その時に大正生まれの自分よりもさらに上の世代の「明治女」を持ち出すという手法が、斬新だった。井戸で水を汲み、暖房は火鉢だけ、洗濯は手洗い……という明治の生活はほとんど江戸時代と変わらないのであり、当時の日本において「明治生まれのおばあさん」は、前世紀の生活を知っている珍しい存在となっていた。

「明治女」というのは昭和時代、一種のブランドでもあった。日本が経済発展を遂げて様々な電化製品が普及すると、主婦の生活はすっかり楽になる。すると、強い精神力や、電化製品がなくても家事を推進する能力を持つ明治生まれのおばあさんは、

「さすが明治女」

と言われるように。そこには、江戸時代の残滓を抱く存在に対するリスペクトがこもっている。

対して「大正女」という言葉は、あまり耳にしない。現在も大正生まれのおばあさん達は存命だが、高齢であるという事実によって尊敬されてはいるものの、

「さすが大正女」

という言われ方はされない。質実剛健イメージがある明治に比べ、大正は華やかな時代というイメージがあるせいなのか。

料理家の辰巳浜子による『娘につたえる私の味』もまた、明治女による名著である。昭和の家庭には皆、この本があったと言われたほど話題になった料理本である本書。タイトルにある「娘」とは、決して妥協を許さぬ厳しい料理家として有名な、辰巳芳子を指す。

この本が出た一九六九年（昭和四十四）、一九〇四年（明治三十七）生まれの浜子は、六十五歳だった。「はじめに」の一行目には、

「手作りのお八つを食べさせている家庭からは非行の子供は出ないとか、聞いております」

という、おそらく今の時代ではかなり書きづらい文章が。またそこには、

「私は三人の子供たちを完全に母乳で育てました」

ともあり、子供たちが大きく健やかに育つようにと祈りながら母乳をあげたのと同じように、その後もお菓子やお弁当作りに励んできた、と続く。

明治女・辰巳浜子の料理は、このように完全手作り主義。「時短」「手抜き」的な発想は、一切存在しない。家族やお客様のために手間を惜しまず、全身全霊を込めて料理をしているのだ。

『娘につたえる私の味』は、昭和の高度経済成長期の日本の核家族の中で、料理面における姑や母親の役割を果たしたのだろう。そういえば私の母など、その頃の若い専業主婦達は、子供には手づくりのおやつを与える傾向があったが、それも辰巳達の影響だったと思

われる。

浜子の思想は、大正女である娘の芳子（一九二四・大正十三年生まれ）が受け継いでいる。二〇〇八年に復刻された『新版　娘につたえる私の味』には、芳子が母の料理に解説を付け加えているのだが、そこから漂ってくるのは、母親に対する限りない敬愛。そして、主婦は他者のために手間を惜しまず料理を作らなくてはならない、という母・浜子の姿勢から、どんどん離れていく日本女性に対する、怒りのような感情である。

時短、手抜き、家事分担……と、辰巳浜子・芳子母娘からすると考えられないような家事感覚を、日本の女性達は時とともに強めている。時代の趨勢を考えればそれは当然の変化だが、今も存命の芳子は、そのような状況に対する怒りを持ち続けているに違いない。宗教家のような芳子の姿勢は、今となっては神々しくさえあり、熱狂的なファンも少なくないのだった。

縄張りとしての台所

家事を得意とする明治女といえば、沢村貞子のことも、忘れてはならない。名脇役として数々の映画やドラマに出演した沢村貞子は、辰巳浜子と同世代。一九〇八年（明治四十一）に生まれた、明治末期の女である。

沢村は名随筆家としても知られるが、初めての本を出したのは六十代。その後、多くの本を七十代以降に刊行している、名〝老い本書き〟である。

沢村は、

「女の子は泣いちゃいけないよ、なんでもじっと我慢しなけりゃ」「泣いてると、ご飯の仕度がおそくなるからさ」（『私の浅草』一九七六）

と、母親からしつけられた。母によって植え付けられた「家事一切は女の仕事」という意識は、老境に入ってても変わることはない。

沢村の老い本の数々には、俳優業の傍ら、せっせと料理をする自身の姿が書かれている。帰りが遅くなる日は、温めるだけで食べられるようなものを朝のうちに作ってから、仕事へ。夕方に帰宅する日は、事前に献立を考え、通いのお手伝いさんにメモを渡して買い物だけ頼んでおく。そして、

「家へつくやいなや、手早く着替えて台所へとんでいって料理にかかった」（『わたしの献立日記』一九八八）

ということで、どれほど外で仕事をしていても、明治女は夫のための料理をおろそかにしない。

河合隼雄との対談で沢村は、母もまた台所を自分の縄張りにしていた女性だったのであ

り、ちょっと夫が足を踏み入れただけでも、

「向こうへ行っててください」

と言ったとのこと。

「それが昔の、女性として自分を通す一つの方法ですね」

との河合隼雄の言葉を読むと、昔の女性にとって台所は自室のようなものだったことが理解できる。家の中に自室を持たない彼女達は、唯一台所が、プライバシーを保つことのできる空間だったのだ。

沢村貞子も、夫には決して料理を手伝わせない。家事を分担してほしい、とも思っていない。のみならず彼女はあらゆる面で夫を立て、夫に尽くす。

そんな夫婦に変化が訪れたのは、夫婦ともに八十歳を過ぎてからのことだった。『寄り添って老後』（一九九一）によれば、夫が突然、

「あと片づけぐらい手伝うよ」

と言いだし、週に三日、皿洗いをするようになったというのだ。「男子、厨房に入るべからず」で育った明治男が、身体が衰えてきた妻を見かねて、ようやく妻を手伝う気持ちになったのである。

夫に皿を洗わせることに対し、明治女としては気がひけるところもあった。しかし「こ

の際思い切って甘えさせてもらう」ことにして、沢村はソファでくつろぐのだった。

老いの楽しみは食生活

明治女たちの本を読むと、明治の人々の家事感覚は、現在の高齢者とは大きく異なることがわかる。ご近所の昭和生まれのリタイア世代のご夫婦と話していると、

「ゴミ出しについては全てを夫に任せているから、私はゴミの日がいつかもよく知らないのよ」

と言う妻もいれば、

「皿洗いは、夫の担当」

と言う妻も。若い世代と比べればまだまだとは言うものの、現代の高齢夫は、明治夫婦よりもずっと多くの家事を担っている。

とはいえ現代の高齢者もまた「料理は女がすること」との意識を持っていることは、ライフスタイル系のおばあさん本を見ても伝わってくる。その手の本を出すには、料理好きであることが必須条件なのだ。

ライフスタイル本の主人公である一人暮らしの高齢女性達は皆、特別な材料を使わず、手早く作ることができ、栄養バランスも考えられた料理を得意としている。

「週に三日はウーバー呼んでます」

「マック大好き」

「たまには深夜のペヤングも」

といった記述は見られないのだ。何度も紹介している『102歳、一人暮らし。』（前出・P69、74、117）においても、石井哲代さんの手料理が紹介されている。一日三食きちんと摂《と》る哲代おばあちゃんは、畑にある野菜を使って、野菜炒めをよく作るのだそう。ご飯の量は、一食につき二膳が基本で、ばら寿司であれば、

「平皿に山盛りいただけますなあ」

という言葉が頼もしい。

巻末には、「哲代おばあちゃんのおいしい長生きレシピ」というページもある。瀬戸内いりことジャガイモのきんぴら、カレイの煮付け、キュウリもみといった素朴な料理が、ここでは紹介されている。

『87歳、古い団地で愉しむ　ひとりの暮らし』（前出・P119）で知られるシニアユーチューバーの多良美智子さんもまた、料理は得意だ。粗食であっても器を考えて食事を楽しむとか、料理はとにかく簡単にするとか、戦中派なので野菜は使い切るといった工夫をしているのだそう。切り干し大根のはりはり漬け、ニンジンとこんにゃくのきんぴらといった

料理が本書には並ぶが、朝食はスムージーというのが、今のシニアらしいところ。

『71歳、年金月5万円、あるもので工夫する楽しい節約生活』（前出・P119）のシニアブロガー・紫苑さんもまた、料理を作る。食費はもっとも肝心な節約ポイントということで、スイーツをやめてみたり、缶詰を上手に活用してみたり、鍋の残りをフレンチに変えてみたりと、お金をかけずに食生活を楽しんでいる。

年をとってからの楽しみは食べることくらい、と様々な老い本には書いてある。ライフスタイル系の老い本において料理が重要な要素となっているのは、だからこそ。読者は、高齢になっても元気で楽しく暮らすおばあさんの食生活を学んで、自分もあやかろうとしている。

同時に読者は、野菜や乾物を活用したり、残り物を活用したりするおばあさんの料理に、郷愁を覚えてもいるのだろう。それは、『おばあさんの知恵袋』に書かれたおはぎやら梅干しやらを手作りする明治女の話に、昭和の人々が覚えた郷愁と同じもの。

今、ライフスタイル系老い本の著者がほとんど女性であるのは、もちろん女性の方が平均寿命が長いため、一人暮らしになる確率が高いせいである。が、現時点の高齢者の場合、男性が家事を担ってこなかったケースが多いため、一人暮らし高齢男性はいても、なかなか適役が見つからないという理由もあろう。明治の男よりは家事を手伝うとしても、主体的に料理を担ってきた高齢男性は、まだ少ないのだ。

とはいえ私の世代には、料理を趣味とする男性も少なくない。私世代が高齢者となった時は、素人のおじいさんによる料理本も、珍しくなくなるだろう。おじいさんが料理本を出し、その味を若い世代が「懐かしい」と思うようになった頃、男女の家事分担の割合はようやくトントン、ということになるのだと思う。

四　田舎への移住

〝おしゃれ移住〟の先駆け

前章でも触れたが（P87～88）、テレビ朝日系列で毎週土曜に放送されている、『人生の楽園』という番組がある。二〇〇〇年に放送がスタートしたこの番組は、Uターンや I ターンをした中高年が、新たな仕事や生きがいを得て、自然豊かな地で第二の人生を楽しむ様子を追っている。視聴率も時に上位にランクインするという、地味ながらも密かに人気の、長寿番組である。

土曜の夕方に家にいる時は、私もつい見てしまう『人生の楽園』。犬や猫と戯れつつ薪ストーブを囲む夫婦を見ていると、

「いいなぁ、田舎暮らし」

と思うのだ。

人は年をとると、自然に惹かれるようになるものである。都会のビルより緑や水を、喧騒よりも静寂を欲するのであり、となると「田舎で野菜を育てたい」「自然に囲まれてのんびり暮らしたい」という欲求が湧き上がってくるのだろう。

友人知人の親御さんの中にも、緑豊かな地に移住して第二の人生を送っているケースが見られるし、自分の年代でも既に、都会を離れたり、都会と田舎との二拠点生活を送ったりしている人は、珍しくない。「年をとればとるほど、病院でもデパートでも何でも近くにある都会で暮らした方が良い」という意見もある一方で、中高年の田舎暮らし欲求は、高齢化の進行と共に高まっていると言えよう。

若い時代を都会で過ごし、年をとってからは田舎で、というライフスタイルを早くから取り入れていたのが、作家達である。仕事をする場所を選ばない作家達は、コロナ禍でリモートワークが流行《はや》るずっと前から、リモートで仕事をしてきたのだ。

昭和の流行作家で言うならば、水上勉は京都や軽井沢にも仕事場を持ちつつ、七十代で

長野県の北御牧村《きたみまきむら》（現・東御市）に家を買い、執筆の傍ら料理を作ったり、竹紙を漉《す》いたり、土をひねったりしつつ、最期まで過ごした。

五十一歳で出家した瀬戸内寂聴の後半生も、一種の田舎暮らしと言うことができよう。寂聴は出家の翌年からは京都・嵯峨野の寂庵を拠点として九十九年の人生をまっとうしたが、嵯峨野は洛中から見たら鄙《ひな》の地である。

昨今も、軽井沢等の高原に住んで仕事をする作家や、家と別荘を行ったり来たりしながら仕事をする作家は、枚挙に遑《いとま》がない。流行りの「二拠点生活」も、作家達は早くから当たり前のように行っていた。

田舎暮らしをした作家達の中でも特に「早い」のは、白洲正子である。戦争が始まってすぐの頃、四十代と三十代だった白洲次郎・正子夫婦は、東京都町田市（当時は鶴川村）の古い農家を購入。戦時下における食糧不足を見越しての行動だったが、それはいわゆる疎開ではなかった。夫妻は「ついの住処《すみか》」として農家を購入したのであり、以来、農作業をしつつ、生涯を鶴川の家、すなわち武相荘に住み続けた。

戦災を避けるためだけでもなければ、また戦後に地価が上がることを期待しての行動でもない。そのような実利的な目的のもとに引っ越したのではなく、移住は「単なる趣味の問題」だったのだと、正子は『鶴川日記』（一九七九）に書く。戦争が終わって日本が高度経済成長を果たした辺りからようやく人々が気づくようになってきた田舎暮らしの価値を、白洲夫妻は早くから見抜いていた。

それは、センスの良い人々が田舎に移住し、畑仕事などしながら暮らすという、今風の〝おしゃれ移住〟の、超先駆け事例である。とはいえ特殊にセンスが良い白洲夫妻の行為を追随する人は、多くはなかった。武相荘を気に入った河上徹太郎が柿生（神奈川県川崎市）に住む、といったことはあったようだが、戦後は、人が田舎から都会へと流入し、都会的な事物がもてはやされる時代が続く。人々の視線は田舎より都会へ、第一次産業より第三次産業へ、精神的充足より物質的充足に注がれたのであり、東京への一極集中状態が強まっていった。

憧れへの警鐘

一九八〇年代も後半になると、都会の喧騒や物質文化の爛熟に嫌気がさしたリタイア世代や、中年となった団塊の世代達によって、田舎暮らしの第一次ブームが発生する。一九八七年（昭和六十二）には、今も刊行が続いている「田舎暮らしの本」という月刊誌も創刊された。

第一次田舎暮らしブームの先導役となったのは、エッセイストの玉村豊男である。団塊の世代よりも少し上、敗戦の年に生まれた玉村は、八〇年代前半のコラムブームで大活躍。体調を崩すと長野県に移住し、以来、畑で葡萄《ぶどう》を作ってワイナリーでワインを醸造するという、充実の田舎暮らしを送っているのだ。その様子は、『新型田舎生活者の発想　たとえば軽井沢で暮らしてみると』（一九八五）『田舎暮らしができる人　できない人』（二〇〇七）等、多くのエッセイに記されている。

やがて団塊の世代が定年を迎える時が来ると、それは「二〇〇七年問題」と言われることになる。田舎にU／Iターンをする団塊の世代が目立つようになり、また「スローライフ」「ロハス」といった言葉が流行っていたこともあって、この頃には第二次田舎暮らしブームが到来している。そして玉村は、第一次、第二次田舎暮らしブームを通して、団塊世代にとっての「おしゃれな田舎暮らしを成功させている素敵な先輩」として、輝き続けた。

しかしこの頃から、「田舎暮らしはそう甘いものではない」と囁《ささや》かれるようになる。玉村の『田舎暮らしができる人　できない人』は、まさに団塊世代の定年問題が勃発した二〇〇七年（平成十九）に刊行されたが、そこには田舎暮らしの素晴らしさと共に、農業の大変さや経済的な問題についても記されている。

同書において何よりもクローズアップされたのは、都会の人間がいきなり田舎に行って発生する、人間関係の問題である。田舎には「古いけれども優しくて温かい人間関係が生きて」いるけれど、都会の人間はそう聞くと「その『優しくて温かい』が怖くなる」。対して田舎の人は、自分達の優しさ、温かさに対する都会人の怖れが理解できないという、

「このギャップが、いちばんの問題」

と書かれるのだ。

翌二〇〇八年（平成二十）に刊行された丸山健二『田舎暮らしに殺されない法』も、タイトル通り、定年を機に田舎暮らしをしようとする人々に対して警鐘を鳴らす書である。

丸山は、「田舎で育ち、都会から田舎へ戻ってすでに長いこと暮らし、田舎の表と裏を知り尽くしている」芥川賞作家。そんな丸山は、定年後に田舎暮らしを夢見て移住したはいいが、イメージ通りの田舎暮らしとは全く異なり、ほとんど無一文状態となってすごすごと都会に帰る人々をたくさん見てきた。そんな不幸な人を出さないためにと、同書は何となく田舎暮らしに憧れて移住しようとしている人を押しとどめる書となっている。

目次には、

「『自然が美しい』とは『生活環境が厳しい』と同義である」

「田舎に『プライバシー』は存在しない」

「『付き合わずに嫌われる』ほうが底が浅く、『付き合ってから嫌われる』ほうが数倍も根が深い」

と、容赦のない言葉が並ぶ。「田舎」「自然」というものに対する甘い夢をバッサリと斬り捨てた上で提示される田舎の過酷な現実の向こう側には、日本人らしさとはどのようなことか、という問いに対する解が、見えてくる。

二〇一一年（平成二十三）に刊行された坂東眞砂子の小説『くちぬい』にもまた、田舎暮らしを甘く見るな、とのメッセージがたっぷりと込められている。

主人公は、東日本大震災が発生した後、被曝を避けるために東京から西日本に移住した、定年後の夫婦。東日本大震災の後は、避難的な移住をする人がいた一方、東北のために働きたいと、東北へU／Iターンをする人も目立ったのであり、それは第三次移住ブームと言えるのかもしれない。

夫妻は、当初は田舎暮らしを楽しんでいたものの、次第に都会の感覚と田舎の感覚にギャップを感じるようになる。やがて、様々な恐怖の体験をするようになってきて……。

著者自身の田舎暮らしでの経験をベースに書かれたこの本。最後には背筋も凍る展開になる、〝田舎暮らし恐怖小説〟なのだ。

移住先で何をするか

シニア世代の地方移住については、背中を押す本もあれば、「考え直せ」と諭す本もあるという状態の昨今。高齢化が加速し、地方の過疎化が深刻化すると、移住者を積極的に迎え入れないと自治体が存続しない、という危機感が強まってくる。特に若い層が歓迎されるとは言うものの、住民票を移して家を建てるような高齢者もまた、税金をもたらす存在として貴重だということで、様々な自治体が移住者を呼び込む施策を行うようになってきた。

さらには二〇二〇年(令和二)から本格化した新型コロナウイルスのパンデミックも、都会人の移住欲求を強く刺激する。リモートワークが多くの企業で認められるようになると、都会にいる必要性を感じなくなる人が増えたのであり、コロナによって第四次移住ブームが発生する。

若い世代の移住が増えたことは、高齢者にとっても良い影響を及ぼしたことだろう。移住の事例が増えることによって、年齢はどうあれ、その地における移住者の異物感は減るのであり、移住者同士でコミュニティを作ることも可能になってくる。身近な例を見ても、自身の故郷にUターンをした人の場合はまだ地元社会との接触を持つことが可能だが、それまで縁のなかった地へ移り住んだ場合は、移住者同士で仲良くなるケースが多い模様。

Uターンの事例が記されるのは、二〇二一年(令和三)に刊行された吉本由美『イン・マイ・ライフ』である。元スタイリストの著者は、六十三歳の時、長く暮らした東京からの移住を決意。他の場所も考えたものの、結局は故郷の熊本へ戻ることにする。東京時代に高い家賃の家に住んでいたせいもあり、著者には貯蓄がない。実家に住みつつ、その家を担保にしてお金を借りるリバースモゲージを利用し、周囲の助けを得ながら熊本での第二の人生を始めて七十三歳になった、という時点での本が同書である。

東京でのスタイリストという華やかな時代と、熊本に戻ってからの素朴な暮らし。その対比が鮮やかであると同時に、一人で都会で働いてきた女性を穏やかに迎える故郷のあたたかさが伝わってくる同書。お金が無くとも、つい庭などに凝ってしまうといったおしゃれ魂も頼もしい。

白洲正子に通じるおしゃれ移住の事例としては、麻生圭子『66歳、家も人生もリノベーション　自分に自由に　水辺の生活』（二〇二三）といった本も。作詞家として活躍していた著者が湖のほとりで暮らすようになったのは、なぜなのか。著者にしても吉本由美にしても、八〇年代にキラキラと輝いていた人達が老境に入り、苦労も経験しつつ田舎で素敵な生活を送る様子は、バブル世代にとっての目標となろう。

移住者同士のコミュニティの様子がよくわかるのは、上野千鶴子『八ヶ岳南麓から』（二〇二三）である。五十代で八ヶ岳南麓に土地を買い、家を建てた著者。以来、東京との二拠点生活をしているのであり、本書は山での日々を綴ったエッセイである。

八ヶ岳南麓に移住してくるのは、もっぱら定年後もしくは早期定年退職をしたというカップルばかりなのだそう。その地域は、「人口は減らないが、高齢化率は上がるいっぽう」なのだ。

そこで自然発生するのは、移住者同士のコミュニティである。知らない土地を気に入り、家を建てて引っ越してくるだけの財力やバイタリティを持っているという部分で共通項のある人々との付き合いは、充実している。

しかし楽しい日々は、長くは続かない。「60代で移住してくるカップルも、20年も経てば経年変化する」のであり、カップルのどちらかが病気になったり亡くなったりするケースが多くなってくる。

妻に先立たれた男性は、子供に引き取られて山を去ることが多いが、逆の場合は、終の住処として山に住み続ける人もいるのだそう。著者自身もまた、パートナーをその地で介護し、看取るのだった。

車の運転は、いつまでできるのか。自分の亡き後、大量の蔵書はどうなるのか。……等々、著者は山の家において人生の夕暮れ時について思いを馳せるのであり、田舎暮らしの着地のしどころについて、考えさせられる本となっている。

人生が長くなった時代において、六十代はまだまだ、これから「翔ぶ」ことができる年代である。だからこその年頃で田舎暮らしを考える人が多いのだが、六十代にしてただ居場所を変えるだけでなく、仕事をも大幅に変えた経緯を記すのが、香山リカ『61歳で大学教授やめて、北海道で「へき地のお医者さん」はじめました』（二〇二四）である。

東京では、著述業、大学教授、そして精神科医と何足ものわらじを履いていた著者。しかし親の死等、様々なきっかけがあって「私だけのうのうと生きている」という、罪悪感のような焦燥感のような気持ちを抱くようになる。

日本でのへき地医療か、国際医療かと迷ったり、コロナのパンデミックとなったり、総合的に診察ができるように再トレーニングを受けたり、田舎で暮らすことができるように運転免許を取ったりと、揺れる思いを抱きつつも、前進していく著者。結果として選んだのは、六十一歳にして北海道のとある町の診療所の医師になるという道だった。

勇気と踏ん切りが必要な選択だったかと思うが、しかし著者の行動に羨ましさを感じる定年世代も多いことだろう。定年がやって来ても来なくても、やはり還暦は人生が一巡する年頃。昔は、そこで仕事人生から降りる人が多かったが、今は二巡目の旅へ出る人も多いのだ。

都会から田舎へ移住したシニア達は、その地をどのように変えていくのか。新しいタイプの高齢移住者には、今後の暮らし方についても、書き続けてほしいものである。

コラム　高齢者の〝迷惑恐怖〟を煽る終活本

二〇〇〇年代の日本は、「捨てる」時代だった。辰巳渚『「捨てる!」技術』(二〇〇〇)、やましたひでこ『新・片づけ術 断捨離』(二〇〇九)、近藤麻理恵『人生がときめく片づけの魔法』(二〇一〇)といった、「捨てる」関連の書籍はそれぞれベストセラーに。大量の物を処分する人が続出した。

その波は、高齢者のもとにも押し寄せる。〇〇年代末頃から、「終活」という言葉が世に知られるようになったのだ。

高齢者は、漫然と死を待つべきではない。後に遺された者が困らないよう、溜め込んだ物を六十代の頃から少しずつ捨てるなど、身辺整理をしておくべきだ。……ということで、死の前に行う整理全般が「終活」と名付けられ、その言葉は高齢者の間に広がっていく。

以来、書店には、終活関連の本が大量に並ぶようになる。一般的な終活ハウツー本から、終活初心者向け、おひとりさま向け、デジタル終活等のきめ細やかな対応をする終活本まで、終活に対応する多種多様の本が用意されるように。死後、遺された家族が必要とする情報を書き残すためのエンディングノートも、様々な種類が発売されている。

終活本の数々は、高齢者が抱く〝迷惑恐怖〟を煽る。「家族に感謝される」「人に迷惑をかけない」といった言葉が終活本の表紙には並び、「どうにか迷惑をかけずに死にたい」と願う高齢者の気持ちを刺激するのだ。

老い本の著者達も、このムーブメントと無縁ではいられない。もともと整理作業が得意な人は、沢野ひとし『ジジイの片づけ』（二〇二〇）、中村メイコ『大事なものから捨てなさい　メイコ流　笑って死ぬための33のヒント』（二〇二一）といった、どんどん捨てたくなる系の老い本を刊行。

一方では、そのような動きに反発を示す本も、登場する。『捨てない生きかた』（二〇二二）を書いた五木寛之は「捨てる身軽さ」よりも「捨てない豊かさ」を提唱。みのもんたは『終活なんか、するもんか』（二〇二一）で、終活終活と死ぬことばかり考えていないで、もっと楽しいことを考えて生きようではないか、と同輩を鼓舞している。

そういえば知り合いのおばあさんは、子供からエンディングノートをさりげなく勧められたそうで、

「なんだか早く死んでほしいみたいで、嫌だったわ」

と言っていた。終活が高齢者にとって当然のたしなみのようになり、プレッシャー

も強くなってきたのだ。

高齢の親が溜め込んだ、大量のポケットティッシュやら紙袋やらを、「これをどうしろというのだ」と暗然と眺める子供の気持ちも、理解できる。しかしあくまで終活は、高齢者本人が「したい」と思った時にする行為。終活本は、高齢者が自主的に入手すべきであって、決してプレゼントしたり、勧めたりしてはならないのだと私は思う。

第四章　老いの重大問題

一　金は足りるのか

いくら必要かわからない

本書のはじめにも書いたように、我が家の最寄り駅の駅ビルにある書店は、老い本が非常に充実している。ネットで本を買うことが不得手な高齢者が、この書店で老い本を探し、購入しているのだ。

その書店の老い本の棚には、『ズバリ合格！　75歳　はじめての運転免許認知機能検査』といったタイトルの、運転免許認知機能検査のための合格マニュアルが、各種並んでいたりもする。認知機能検査は、七十五歳以上で免許更新をする人が受けるもの。二〇〇九年（平成二十一）に制度が始まって以降、この手のマニュアル本が、盛んに刊行されている。

時代および制度が変化するに応じて、高齢者が求める本もまた、変化している。書店の老い棚は、高齢者の不安と欲望を映す鏡と言うことができるのだが、そんな中でも老い棚における二大勢力は、時代がどう変わろうと「金」と「健康」に関する書籍群であることに変わりはない。高齢者が何より欲しているのは、言わずもがなではあるが、金と健康である。

金と健康は、高齢者にとって車の両輪のような存在でもある。いくら金があっても健康でなければ、楽しく生きることができない。そして健康であっても、ある程度の金がないと、安心して生きることができないのだ。

金と健康は、「いくら持っていても不安は尽きない」という部分でも共通している。健康を維持して長生きすれば、それだけ金もかかるわけで、だからこそ人は、医療費も迷惑もかけずに死ぬ「ぴんぴんころり」の成就《じょうじゅ》を祈る。

中でも金は、〝老後の不安〟を形成する、最も大きな要因である。何歳まで生きるかわからないからこそ、老後の資金がいくら必要かもわからない。日本の高齢者は多額の貯蓄を持っているのに消費に回さないと言われるが、それは日本人が、長寿の可能性と、強い迷惑恐怖を両方抱くが故の現象ではないか。

女性の欲望を常にウォッチしている雑誌「婦人公論」を見ると、金に関する老後の不安を語る時の定番フレーズである「〇〇歳までに〇〇円が必要」という言い方が目次に初めて登場したのは、二〇〇八年（平成二十）のことだった。「40代から差がつく老後のかたち」という特集の中で、「専門家が試算しました」として、

「必要なのは、65歳で1200万円！」

となっているのだ。特集タイトルを見てもわかるように、この頃の「婦人公論」はまだ、

読者を四十代に設定していたのだが、既に四十代にまで、老後資金への不安が忍び寄っていたことがわかる。

二〇〇九年（平成二十一）の「40代から備えるひとりの老後」という特集では、

「88歳まで生きるのに必要なのは4800万円！」

と、その金額は跳ね上がっている。

二〇一〇年（平成二十二）にもなると、「なぜ、これほど老後が不安なのか」という深刻な特集が組まれるように。そこでは、

「ゆとりある老後のためには3000万円が必要です」

ということになっていた。

二〇〇〇年代から日本人の中に育ち始めた老後の不安は、この頃から急速に強まった模様で、同年後半にはさらに、「もうお金に振り回されない、新しい老後計画」という特集が。ここでは、

「65歳で最低限必要なのは1500万円です」

ということで、老後に必要な資金の目安は乱高下している。金額ははっきりしないにせよ、具体的金額を示すことが、読者には刺激になったのだろう。

二〇一〇年頃からは、お金のみならず、健康、介護といった話題も含め、老いの特集が

どんどん目立つようになっていった「婦人公論」。二〇一三年（平成二十五）になると、

「老後が不安という『病』、治せます」

という特集が組まれたのであり、老後に対して不安になりすぎなのではないか、という自覚すら芽生えているのだった。

男性に目を転じてみよう。「週刊現代」といえば、高齢男性向けメディアという印象が強いが、かつてはサラリーマン向けの雑誌だった。そんな「週刊現代」に高齢者向けの話題が目立つようになってきたのは、やはり二〇一〇年頃からである。前年までは「老」の文字がほとんど誌面に見えなかったのが、二〇一〇年になると、老いてからのセックス、介護、死といった話題が増えてくる。

もちろん老後の金についても、記される。

「60歳からの金儲け　私はこうして資産を殖やした」

という特集があるかと思えば、少し後に、

「老後の貯え『投資で大失敗』　そして家族に見捨てられた」

という特集も。

この頃の「週刊現代」には、「〇〇歳までに〇〇円が必要」といった具体的な数字は登場しない。「週刊現代」の場合は、老後になっても投資などで儲けることができるのではない

かという淡い希望と、いやでも失敗して老後資金を失ったら大変だ、という不安との間で、右往左往しているのだ。

世を震撼させた「〝老後破産〟の現実」

少子高齢化と共に急速に広まっていった老後の金にまつわる不安は、二〇一〇年代の半ばに、一つのピークを迎えたように見える。きっかけの一つとなったのは、二〇一四年（平成二十六）に放送されたNHKスペシャル「老人漂流社会　〝老後破産〟の現実」である。

NHKスペシャルは時折、視聴者の生活に直接結びついた問題を提起して大きな話題となるが、二〇一三年（平成二十五）に「終《つい》の住処はどこに」で始まった「老人漂流社会」シリーズの二作目である「〝老後破産〟の現実」もまた、世の中高年を震撼させた。

一人暮らしの高齢者が急増している中、その半数は、年金額が生活保護の水準を下回っている。……ということで、厳しい生活をする高齢者の姿を映し出したこの番組は、「明日は我が身」と、視聴者達に思わせることに。

私もこの番組を見たことを覚えているが、家事能力を持たず、ゴミ屋敷のような部屋で一人暮らしをする高齢男性の姿は、見るのがつらかったものだ。

また、食うや食わずの毎日を過ごす高齢女性の姿からは、「この姿が、日本名物『BB』」

……と、思わずにいられなかった。二〇一〇年（平成二十二）刊の樋口恵子『女、一生の働き方　貧乏ばあさん（ＢＢ）から働くハッピーばあさん（ＨＢ）へ』（文庫版『ＢＢ（貧乏ばあさん）の逆襲　働くハッピーばあさん（ＨＢ）になる、女、一生の働き方』／二〇二三）で著者は、ＢＢすなわち貧乏ばあさんは日本の特産品だ、としている。制度的に専業主婦に誘い込まれて子育てや介護を担ったり、低賃金労働に甘んじたりしてきた日本女性は、老後に「貧乏」という名のツケを回されるのだ、と。

二〇〇七年（平成十九）に刊行されてベストセラーとなった上野千鶴子『おひとりさまの老後』にも、金の問題は記されている。基本的には、制度を活用することによって、それほど多額の金をかけずとも在宅のまま老いて死ぬことができる、と書く本書。とはいえ年金だけで暮らすことは不可能なので、「毎月のフロー、つまり収入が入ることが不可欠」とあるのだ。

年金だけで暮らすことができない日本。怪我や病気で働くことができなくなったらどうなるのだ。……と、「〝老後破産〟の現実」を見て思った人は大勢いたのであり、この番組が放送されて以降、老後破産に関する様々な情報が世には溢れた。ＮＨＫではこの反応を得て、二〇一五年（平成二十七）には「老人漂流社会」シリーズ第三弾「親子共倒れを防げ」、翌年には第四弾「団塊世代　しのび寄る〝老後破産〟」を放送している。

年をとっても働き続けなくては

このように二〇一〇年代半ばは、日本人の老後の不安が暴発した時期だった。もちろん本の世界でも、不安が煽られるほどに、老いと金にまつわる本の出版の機運が盛り上がる。ベストセラーとなり、映画化もされた垣谷美雨『老後の資金がありません』（二〇一五）は、五十代後半の夫婦が主人公の小説である。夫は普通の会社員で妻はパート勤務という、一見平和な夫婦。それなりに貯蓄もあったのだが、娘の結婚、舅の葬儀、夫婦それぞれの失職という事態に次々と見舞われて、貯蓄は激減。老後の生活に暗雲がたれこめてきた時、夫婦はそれぞれどう対処していったのかが、描かれる。

この本が刊行されたのは、二〇一五年（平成二十七）のこと。同年には藤田孝典『下流老人　一億総老後崩壊の衝撃』という本も売れ、「下流老人」は流行語大賞の候補にもなっている。

「婦人公論」でも二〇一五年には、

「どこで差がつく？　金持ち母さん、貧乏母さん」

と特集が組まれ、理想の老後に必要な貯蓄額などに対するアドバイスが記されるのだった。二〇一〇年（平成二十二）頃は、老後資金の具体的な金額を掲げて読者の興味を引いた同誌は、この頃になると、「あなたの心がけ次第で、老後に金持ちになるか貧乏になるかは決まる」と、読者の尻を叩いている。

「週刊現代」においても、NHKスペシャル「老人漂流社会　〝老後破産〟の現実」以降、老後と金の問題は欠かせない話題になっていく。

「70すぎて80すぎて、90すぎても安心して暮らせる『税金』『年金』『保険』の裏ワザ」

「70歳から損しないためにいま『やっておくこと』」

「年金だけで入れる全国優良老人ホームベスト300」

といった特集が、せっせと組まれた。

同誌では二〇一八年（平成三十）になると、

「毎月5万円稼げて、他人に感謝される　65歳からの『楽しい仕事』」

という特集が見られる。老後破産ショックから数年が経ち、「年金だけで暮らすことはできないのだから、働かなくてはならない」という気運が強まってきたようだ。

第二章でも記したように、既に二〇一二年（平成二十四）に高年齢者雇用安定法が改正され、六十五歳までの雇用延長が義務化されてはいた。しかし年金に対する不安が膨らみ、もしかすると百歳まで生きるかもしれないとなると、「少しでも稼がなくてはならない」という気持ちは募るのであり、この特集では、マンションの管理人、草野球の審判、運転代行、ペットシッターといった仕事が紹介されている。

たとえ少額であっても、収入を得るために老後も働き続けなくてはならない、との感覚は女性の方が早く持っていた模様で、「婦人公論」では二〇一二年（平成二十四）に、「月数万円の収入で老後はこう変わる」との記事を掲載している。女性は非正規雇用者が多い分、定年を意識せずに「月数万円」の大切さを感じていたのだろう。

男であれ女であれ、年をとってもできる限り働き続けなくてはならない、と思う人が増えてきた日本。そうでないと生活ができず、またどこまで続くかわからない人生の暇つぶしもすることができないのだ。

〝老働者〟の職場日記

国の側でも、「生涯現役社会」という言葉を掲げ、高齢者にはできる限り働き続けてほしいと思うようになっている今。生活するに足る年金を支給することはできないし、若者は減って人材不足が叫ばれる中、高齢者にも仕事を担ってもらわないと、国が成り立たなくなっている。

そんな時代の〝老働者〟の気持ちにぴったりフィットしたのが、三五館シンシャの、日記シリーズである。このシリーズの一作目は、二〇一九年（令和元）に刊行された柏耕一

『交通誘導員ヨレヨレ日記』。カバーには、年老いた警備員のイラストと共に、

「当年73歳、本日も炎天下、朝っぱらから現場に立ちます」

と記される。

著者が勤務する会社では、警備員の八割が七十歳以上の高齢者である。月収は平均で十八万円ほどで、暑さ寒さに日焼けといった苦労も尽きない裏事情が記されている。この本を読むと、街で出会う交通誘導員に親しみが湧いてくるのだが、

「土壇場に追いつめられた人にとって交通誘導員の仕事は社会との最後の〝蜘蛛の糸〟」

「警備業は忍耐業」

「最底辺の仕事」

といったシビアな言葉の数々を読めば、しんみりした気持ちにもなってくる。

この本は、二〇一九年に金融庁が「老後の資金は夫婦で二千万円必要」と発表した、いわゆる老後二千万円問題の頃に刊行されたこともあり、大きな話題となった。その後も、『マンション管理員オロオロ日記　当年72歳、夫婦で住み込み、24時間苦情承ります』（二〇二〇）『障害者支援員もやもや日記　当年78歳、今日も夜勤で、施設見回ります』（二〇二三）等、高齢になっても働かざるを得ない老働者達の、ブラックがかった職場事情を書いた日記シリーズが、次々と刊行されている。

人生最後のギャンブル

子供の頃を思い返せば、自分の祖父母達は、働いてはいなかった。当時は、老人＝隠居、すなわち職から離れて暮らすのが当たり前、という感覚。子や孫と同居していたせいもあってか、働かないと生活に困窮するかもしれない、という不安は抱いていなかった。

独居老人が今のように多くなかったその頃は、高齢者が金について考えるとしたら、「せめて、自分の葬式代くらいは残しておきたい」

ということだった。私はかつて父方の祖母と同居していたが、大学時代に祖母が他界した時、親が、

「おばあちゃん、本当にお葬式代を残していてくれた。あと、死に装束も」

と言っていたのを覚えている。祖母の場合、葬式代の他に必要なお金は孫たちへの小遣い程度だったのであり、老後に働く必要はなかった。

その後、高齢者が子や孫と同居するケースは激減し、単身で暮らす高齢者が多くなる。日本人の寿命も伸びて「いつまで生きるかわからない」となった時、老後の金にまつわる不安メーターは、跳ね上がった。

「週刊現代」では昨今でも、

「最強の節税」

「人生最後の投資術」

「年金と相続で『1000万円』作る裏技」

といった、どうにかして金を生み出すための特集が目立つ。男達は今なお、投資や相続によって、どかんと得をする夢を追っているのだ。

私の祖父母のような隠居生活者は、時に孤独に、そして退屈そうに見えたものだった。高齢になっても働かないと食べていくことができない状態はしんどいが、長い余生に全くすることがないというのもまた、つらいものなのだ。

となると「婦人公論」にあったように、「月数万円」程度の収入を得る仕事を可能な限り続けることは、高齢者にとって適度なハリをもたらすのかもしれない。知り合いの八十代女性は週に三回ほど、短時間の清掃の仕事をして、おそらく月に数万円を得ているが、

「いくつになっても仕事するのって大事だね、やっぱり！」

と言う。少しでも働くことによって社会との接点が生まれ、生活にリズムがつき、健康が保たれることを、自覚しているのだ。

彼女は清掃で得たお金で、たまに焼き芋を買ってくれる。「悪いな」と思うものの、

「働いているうちは買わせてよ」

と彼女。その焼き芋はおいしくて、私も彼女に、できる限り焼き芋を買ってもらい続けたいと願っている。

何歳まで働くか。老後のためにいくら貯めるか。そして何歳から年金を受給するか。……それらはおそらく、人生最後のギャンブルとなる。ギャンブルの正解は誰も教えてくれないからこそ人は本を頼ろうとするのであり、近所の書店の老い棚における金関係の本の存在感は、これからも増していくことだろう。

二　配偶者に先立たれる

最も強いストレス

江藤淳『妻と私』(一九九九)、城山三郎『そうか、もう君はいないのか』(二〇〇八)、加藤秀俊『九十歳のラブレター』(二〇二一)のように、妻に先立たれた夫が書いた本には、印象的なものが多い。妻がいなくなってしまった深い悲しみと戸惑い、妻への愛が、これらの本のタイトルから滲み出てくるかのようである。

日本を代表する知識人である男性達がこれらの本を書いたという事実もまた、本の印象を強める一因となっていよう。私的な感情とは遠く離れた理の部分で仕事をしてきた男性達が、妻を失うことによって、自身ではコントロールのできない激情に翻弄されていく様子に、読者は衝撃を受けるのだ。

特に江藤淳は、妻を亡くした翌年に自死している。そのことを知った上で読む『妻と私』は、重く切ない。

配偶者を亡くすことは、人生の中で最も強いストレスをもたらすとされている。父親が他界した時に私は、母の悲しみと自分の悲しみは同質のものだと思っていたが、後から思えば、パートナーに先立たれた悲しみと、親を亡くした子供の悲しみは、同じものではない。特に仲が良かったわけでもない、と言うよりは、様々な恩讐にまみれた夫婦であったにもかかわらず、父がいなくなることによって母が深く落ち込んでいたのは、一緒に暮らし、多くの時間と経験を共にしてきたユニットが崩壊したからなのだ。

子供にとって親は、そもそも自分よりも先に旅立つ存在として認識されている。「本当にいなくなってしまうとは」というショックや悲しみはあるが、「まさか自分より先に逝くとは」とは思わないのであり、親の死は子供にとって、一つの通過儀礼的な役割をも果たしている。

対して夫婦やパートナーの場合は、二人のうちどちらかが他界することを、後に残った側が「先立たれる」と表現する。ずっと共に生活していた相手がいなくなることによって、残された側の生活と人生は激変。夫婦の一人が先に逝くということは、残された側の生活の問題に直結する。

特に妻の側が先に他界した時、残された側の「まさか相手に先立たれるとは」という思いは強くなる。日本人の平均寿命は、男性よりも女性の方が六年ほど長い。さらに、男性の方が年上というカップルが多いことを考えると、先に夫が他界し、妻が何年かを一人で過ごした後に他界するというケースが多いのであり、多くの夫は、自分達もそうなるものと思っている。

しかし当然のことながら、中には夫よりも先に人生を終える妻もいるのであり、そうなった時の男性のダメージは、大きい。妻や子供に見守られ、自分は何の心配もなく人生を終えると信じている男性が妻を失うということは、夫にとっては「明日のメシ、どうしたらいいの?」という問題でもあるのだ。

妻を亡くした昭和一桁世代

冒頭に挙げた三冊の本の著者は、三人共に昭和一桁の生まれである。軍国主義的な教育を受けつつ、戦後はがらりとその社会が民主的に変化するなど、人生の前半に激動の時代を生きたのが、昭和一桁生まれの人々。戦後になると、男性達は猛烈に働いて日本の高度経済成長期を支えた一方、生活面では、専業主婦である妻に全面的に頼っていた。そんな世代の人々が妻を失うということは、仕事以外の部分での支えが、急になくなるということでもある。

江藤淳『妻と私』には、夫婦ともに六十代のある日、妻に末期のがんが発見されたことが記される。夫婦に子供はおらず、江藤が妻の看護を担うようになっていく。

妻の病状が悪化するにつれ、夫は死への時間と自分が競走をしているかのような気持ちになる。そして、

「一刻も早く、この時間から逃れたい。そして、日常的な時間のなかに戻りたい」

と願うのだ。

しかしその願いは、叶わない。妻の病気によって、時間の問題に直面させられているというのに、「その家内が保証しているものこそが日常的な時間そのものなのである」。玄関のチャイムを押すと妻と犬とが出てきてほっとする、というかつてのような日常は、もう戻ってこない。

この本のキーワードは、「日常」と「実務」である。妻に病名を告げないままに入院生

活が始まると、江藤は近くのホテルに泊まり込んで病院へ通う。やがて江藤は連載原稿を書くこともままならなくなり、安定した日常生活のみならず、実務の時間も削られていくのだった。

妻が他界すると、江藤の体調は急速に悪化する。やっとの事で葬儀を終えると即入院となり、一時は敗血症で危篤に近い状態に。

そんな時、

「ついにここまで来てしまったよ」

と、夫は亡き妻に呼びかける。妻が生きているうちには、妻を決して一人にしないという目標を持って、夫は日々を生きていた。「君が逝くまでは一緒にいる。逝ってしまったら日常性の時間に戻り、実務を取りしきる」ことが可能だと思っていたのが、妻の死の後、今度は自身に死の影が忍び寄るのだ。

瀕死の状態で江藤は、大学、書斎、ジャーナリズムといった、彼にとって「日常性と実務の時間」の中にあるものが、果てしなく遠くにあるかのように感じる。妻のお骨を、墓に納めなくては。這ってでも書斎に戻って、原稿を書かなくては。大学で教えなくては。……そんな、「日常性と実務の時間」の中に戻らなくてはならない、との思いから「死の時間」と懸命に戦い、やがて小康を得ることになるのだった。

この本は、江藤が健康を取り戻して「日常」と「実務」の中に戻っていくことができるかのような希望とともに終わるが、しかし実際はそうではなかったのだろう。妻の死の翌年、江藤淳は自死。六十六歳だった。

江藤淳よりも五歳年上、一九二七年（昭和二）生まれの城山三郎は、七十二歳の時に、六十八歳の妻をがんで亡くした。若き日の妻との出会いから闘病、死までが綴られているのが『そうか、もう君はいないのか』である。

同書に書かれているのは、

「四歳年上の夫としては、まさか容子（妻）が先に逝くなどとは、思いもしなかった」

という率直な気持ちである。妻は夫に敬語を使い、夫は妻を「おい」「おまえ」と呼ぶという、この世代らしい夫婦関係であったが、城山が書いた詩には、

「五十億の中で　ただ一人　『おい』と呼べるおまえ」

という一文がある。「おい」「おまえ」が、この時代の男の愛情表現だったのであり、夫婦の仲は常に睦まじい。

同書の巻末に添えられた次女が書いた手記には、母の死の直後から、

「父は現実を遠ざけるようになった」

とある。城山三郎は、妻と暮らした家には近寄ることすらできなくなり、仕事場で暮ら

すようになる。食べられず、眠れず、赤ワインを手放すことができなくなった城山の体重は激減し、様々な数値も悪化していくのだ。

城山三郎は、妻の他界後、七年後に死去。最期の言葉は、

「ママは?」

であったと、城山の手記をまとめた『どうせ、あちらへは手ぶらで行く』(二〇〇九)、そして次女による手記には書かれている。

一九三〇年(昭和五)生まれの加藤秀俊は、八十九歳の時に妻を亡くしている。『九十歳のラブレター』には、心不全で突然逝った妻のことを思い続ける九十代の夫の体重もまた激減していくことが記される。

出会いの頃から、妻に惚れ込んでいた加藤。書名の通り、本書には妻への愛が切々と綴られている。妻亡き後は、

「あなたが逝ってしまったその日から、ぼくはまったく不可解な世界にひきこまれていた。なにがどうなっているのか、すべての分別がつかないまま、ほとんど夢のなかをさまよっているようで、なにもかも現実とは思えなかった」

という状態となった夫は、その四年後に他界する。

臨機応変な妻たち

夫に先立たれた昭和一桁生まれの女性が書いた本も見てみよう。一九二八年（昭和三）生まれの田辺聖子は、七十四歳の時に、夫の〝カモカのおっちゃん〟を七十八歳で亡くしている。

夫の死の前後の日々が日記形式で記されているのが、『残花亭日暦』（二〇〇四）。田辺は、病院で夫のがん宣告を医師から聞いた時、

「ショックを受けるよりもまず、臨機応変の対策を」

と思う。田辺の人生はいつも、「臨戦態勢」の「白兵戦」だった。四十代から夫の看病をし、夫の連れ子達の面倒を見、家を建て、そして尋常ではない量の原稿を書き続けてきた。夫のがん宣告もまた戦いの中の一つであり、「ショックはそのあとで、ゆっくり一人で味わおう」と田辺は思う。

その後、病室で夫の姿を見ても、「やっぱり、よよと泣けない。作戦参謀たるものはそんなヤワなことをしてられない」と思う田辺。滲む涙を隠すように、夫の脚をさすり続ける。

病の床に就いた夫を持つ女達は、このように常に現実を見ている。現実面における夫の弱さを知っているが故の感覚だろう。

城山三郎の妻は、病院で一人でがん宣告を聞いている。その時、夫はいつもと同じよう

に仕事場のマンションへ行き、妻が検査結果を報告しに来るのを、緊張して待っていた。

そこに聞こえてきたのは、妻の鼻歌だった。こんなに心配しているのに鼻歌交じりとは、と城山は呆れ、腹をたてるのだが、その歌詞は、

「ガン、ガン、ガンちゃん　ガンたららら……」

というものだった。夫がどれほど心配しているか、そして自分ががんだと聞いたらどれほど落ち込むかを妻が知っているからこその演出であることを、夫は理解しているのかどうか。

病を得た側の妻がこれだけ夫に気を遣っているわけだが、夫を看病する側の田辺聖子も、常に冗談を言って夫を笑わせる。しかし病院から自宅に帰ればぐったりと疲れ、「孤軍奮闘、援軍来らず」という感覚。こんな時に思いきり泣ければいいなと思っても、目の前に迫った仕事をこなさなくてはならない上に、田辺は自宅で実母の介護をもしていた。

夫の病状がどうなっても、約束している仕事は必ず果たす。それで死に目に会えなくても仕方がない、と心に決めている田辺。昔の軍歌を思い出しては心を奮い立たせる田辺は、「昭和ヒトケタ生まれの悲しい性質《さが》というべきか」と書いた。

夫の死がいよいよ近づいてきた時、田辺は葬儀社を呼んで、事前打ち合わせを開始している。葬儀で配るためにカモカシリーズの文庫本も手配し、藤本義一に弔辞を依頼。決し

て小さくない葬儀になることがわかっていたからこその、事前手配であろう。そんな田辺は夫の他界後十七年生き、二〇一九年（令和元）に九十一歳の天寿をまっとうした。

一九三一年（昭和六）生まれの曽野綾子が夫の三浦朱門を亡くしたのは、曽野が八十五歳の時である。夫の死の前後について書いた『夫の後始末』（二〇一七）には、死を現実問題として考える人の感覚が溢れている。男性作家は決して、『妻の後始末』という本は出さないことだろう。

家族の死について、前から考えておくのが大切だと思っていた曽野は、夫の死についても、思いを巡らせていた。「残された家族があわてることもない」という感覚の曽野は当然、「まさか夫に先立たれるとは」とも思っていない。夫がかなりの高齢であり、社会的にも成功していたせいもあろうが、『夫の後始末』には湿っぽさが全く漂わない。

夫の他界後、夫の服を全て寄付するなど、曽野は素早く家の中を片付ける。さらに曽野は、夫の生前と全く変わらない生活を送ることに固執する。曽野は、「できるだけ変わらないことを、朱門のために自分で選んだ」。以前と同じように過ごすことが夫を悼むことであり、夫を愛することでもあったのだろう。

半藤一利の妻である半藤末利子もまた、エッセイ集『硝子戸のうちそと』（二〇二一）に、夫の死について書いている。一九三五年（昭和十）生まれの末利子は、八十六歳の時に夫を見送った。

夏目漱石の孫である末利子は、痛快な文章を書く人である。入院していた夫の退院が決まると、「退院してもこの男はきっと私に迷惑をかけそうだ」と思い、再び入院が決まると、「『あー』と伸びをしたいほどホッとした」。重荷を降ろしたようで、凝りに凝っていた肩や背中が「すーっとほぐれて楽になったような気がする」のだ。

病の夫を自宅で看病する世の妻達は、常に壊れもの《フラジャイル》を扱っているような状態に、緊張を強いられている。入院してくれている方がどれだけありがたいか、と妻達は口を揃えて言うが、夫達は皆、自宅に居たがるものだ。入院して妻がつかの間ほっとしても家に帰りたがり、死も自宅で迎えることを望む。

朝起きて、夫が隣で眠る姿を見た末利子がまずため息と共に思うのは、

「かったるいなあー」

ということ。そして、

「今日も一日戦いだぞ!」

と、自身を鼓舞するのだった。

そんな日々の中で半藤一利は、自宅で眠るように息を引き取った。救急隊員が来て死亡を確認した後、末利子は娘と抱き合って泣く。その時末利子は、「何かドデカイことを成し

とげた直後のような興奮」に、包まれていた。

これからの喪失手記

妻に先立たれた夫と、夫に先立たれた妻の手記の描き方は、このように大きく異なる。妻に先立たれた夫が書いた本には、手放しの悲愴とでも言うべき空気が満ちているのに対して、夫に先立たれた妻達は、悲愴感に沈み込むことはない。手記を出版するような女性達は仕事を持っているのであり、彼女達は仕事をこなしつつ、日々の生活をも回していかなくてはならないのだ。

妻を亡くした夫、特に昭和一桁世代の男性達は、家事の訓練がなされておらず、下着の収納場所や、ご飯の炊き方すら知らないこともしばしば。妻に先立たれた夫は、悲しみのあまり食欲がなくなるだけでなく、それまで妻が用意してくれた食事がなくなることによって、何を食べていいのかわからなくなってしまう人が多い。

手記の中には、入退院を繰り返す病身でありながら、つかの間の退院中にせっせと台所に立つ妻の姿も描かれる。どれほどの非常時であろうと妻が台所に立ち続けることが、夫婦にとっては当たり前のことであり、それが幸福でもあったのだろう。

死は、観念的な事象であると同時に、極めて現実的な事象でもある。女性達は、普段から「現実」の部分を担いがちであるが故に、自分の死に際しても、夫の死に際しても、「現実」を引き受け続ける。ただ悲しみに浸るだけでなく、死に際しての現実的な差配をしていく中で、女性達は死を受け止めていくのだ。

そんな女性達は、夫が死ぬ前から葬儀社との打ち合わせを始めても、夫が死んで、何かドデカイことを成しとげたような気持ちになっても、当然ながら死を悲しんでいないわけではない。パートナーを亡くした悲しみや寂しさに、男女差はないのだ。

女性作家達は夫の死を冷静に受け止めているように見えるが、彼女達はただ、そういった役割を引き受けているだけである。

「ガン、ガン、ガンちゃん」

と、心配する夫の前に歌いながら登場した城山三郎の妻もそうだったが、自分が先に落ち込んでいたら夫に大きなショックを与えてしまうから、と女性達は歯をくいしばって明るく行動していた。

ここまで紹介したのは、昭和一桁生まれの書き手の本が中心だが、その後、男女の役割意識は大きく変化し、男性もまた「日常」や「現実」と密着した作業を担うようになってきた。その分、日常から離れた時間を長く送る女性も増えたのであり、配偶者を亡くしてひたすら落ち込む夫ばかりではなくなり、また配偶者を戦闘モードで看取る妻ばかりでもなくなってきた。若竹千佐子『おらおらでひとりいぐも』(二〇一七)、小池真理子『月夜の森の梟《ふくろう》』(二〇二一)といった若い世代による配偶者の喪失を描いた作品においては、昭和一桁世代の女性とは異なる悲しみが記されている。

今後も、配偶者に先立たれた経験は、作家達によって書かれ続けることが予想されるが、その書かれ方は、昭和一桁世代のように性差が目立つものではなくなるに違いない。妻が他界しても、淡々と味噌汁を作る夫。夫が他界したショックから立ち直ることができない妻。……それぞれ異なる姿がこれからの手記には描かれるのだろうが、とはいえ、もちろんその胸の中の悲しみは、男女で変わるものではない。

三 「死」との向き合い方

〝死に本〟のパイオニア『大往生』

「老い」の先には、「死」が存在する。寿命がいくら延びたとて、今のところまだ、人類が死を避けることはできない。

だからこそ、「老い本」の先には〝死に本〟がある。古今東西、人は死について思いを巡らせ、言葉として残してきた。人間にとって最後にして最大の謎である死について、考えずにはいられないのだ。

現代の日本において、死に本というジャンルを拓いたのは、一九九四年（平成六）刊の永六輔『大往生』（前出・P111）である。この本は、発売半年足らずで百万部が売れる大ヒット作に。翌年にかけて、ダブルミリオンという売り上げを叩きだした。

『大往生』は、著者が全国を歩く中で見聞きした、様々な人々の生老病死に対する言葉をまとめた、一種の箴言集だ。巻末には、一九九〇年（平成二）に刊行され、日本の終末期医療に疑問を呈して大きな話題になった『病院で死ぬということ』の著者である、医師の山崎章郎との対談等も収録されている。

『大往生』の前年には、鶴見済『完全自殺マニュアル』が刊行されていた。若者を中心に大きな話題となったこの本は、ベストセラーに。同時に、自殺を勧めるかのようなその内容に対する、賛否両論の論争が巻き起こっていた。そのような状況があったからこそ、「自殺」とは反対の概念である「大往生」という言葉に、中高年は反応したのだろう。

当時は、昭和とともにバブルの時代が終わり、長く続く不景気のトンネルに日本が入った頃。昭和末期までは大いに盛り上がっていた日本の未来には、どんよりとした暗雲が漂っていた。

『大往生』の刊行翌年には、阪神・淡路大震災、オウム真理教による地下鉄サリン事件も勃発している。九〇年代前半は、日本人が〝死を思う〟時期だったのかもしれない。

『大往生』のヒットには、高齢化の進行という事情も関係していよう。経済は右肩下がりに転じたが、高齢化率はぐんぐんと右肩上がりを続けたその時代。景気の良い時代には忘れていた「死」のことを、日本人は思い出したのだ。

死に対する意識の男女差

『大往生』ブームだった当時、現〝老い本界のクィーン〟である樋口恵子は、その現象に苦言を呈している。当時、ある女性誌で樋口は、

「大往生は男の発想、女は介護で立往生」

との名言を寄せている。幸せな大往生を夢見るのはいいが、そのような男を介護し、看取るのは他ならぬ女なのだ、と。

当時はまだ、介護保険制度がスタートしていない時代。『大往生』の中にも、死に対する意識の男女差を見ることができるのであり、たとえば、

「旦那は定年後のことをいろいろ考えているんだけど、私は未亡人になってからのことを

考えているの」

という発言がある。

この発言に対して著者は、〃夫の死後の整理をするのも妻の役目〃という時代感覚を記しているが、おそらく発言者が考える「未亡人になってからのこと」とは、夫の死後の整理のことではあるまい。夫が死んだらあれもしたい、これもしたいと、彼女は考えているのだ。

東京では九〇パーセント以上の人が病院で死んでいるということで、

「タタミの上じゃ死ねないってことです」

と嘆く発言も掲載されているが、この発言者は、おそらく男性。極私的統計によると、「家で死にたい」との希望を抱く人は男性に多い。家で最期を妻子が看てくれる、と思っているのだ。

対して女性は、家で死にたいとは言わない人が多い。

「家で死んだら、家族にどれだけ迷惑がかかると思う？　病院で、プロに看取ってもらう方がどれだけ気が楽か」

と。

『在宅ひとり死のススメ』（二〇二一）を書いた上野千鶴子は、家族がいない状態での「ひとり死」だからこそ、在宅死を積極的に勧めている気がしてならない。畳の上で、すなわち家で死ぬ人が多かった時代よりもずっと死は大ごとになったのであり、その「大ごと」を引き受ける家族の負担もまた、大きい。かつて家族の介護等を経験したことがある人ほど、「迷惑をかけたくないから、私は家で死にたくない。病院がいい」

と言うのは、そのせいだろう。

他人に迷惑をかけることは大罪だと教わってきて、迷惑恐怖を抱く人が多い日本。「人生は回り持ち」なのだから、「私もいつかは遠慮なく子どもたちの世話になるつもりで、今からそう言い渡してあります」(『媚びない老後　親の本音を言えますか?』二〇一七)という大胆な意思を持つことができるのは、桐島洋子くらいなのだ。

『大往生』には、

「あたしゃ、最後は呆けて、いやというほど嫁に世話をかけてやる」

という姑の言葉が載っているが、同居する嫁姑が減り、互いに気を遣いあう関係になった今、この発言はホラーめいて聞こえる。嫁達が介護に家事にと苦労し、その苦労もまた「回り持ち」になっていた時代の残滓が、この発言からは見てとることができよう。

見事な『死ぬ気まんまん』

このように、死に対する意識もまた、老いに対する意識と同様に、男女差が大きい。死に本のタイトルだけを見ても、その傾向は感じられるものだ。

女性著者が多い女高男低の老い本界において、数少ない男性著者として気を吐く五木寛之は、『死を語り生を思う』(二〇一一)『死の教科書　心が晴れる48のヒント』(二〇二〇)といった本を書いている。知の巨人・立花隆は『死はこわくない』(二〇一五)を。『バカの壁』(二〇〇三)が大ベストセラーとなった養老孟司は、壁シリーズ第二弾として『死の壁』(二〇〇四)を書き、こちらもおおいに売れた。

男性達の死に本の根底には、科学的にであれ論理的にであれ、死という未知なるものを分析し、理解したいという欲求が存在している。わけのわからない相手である「死」に挑み、死に勝って永遠の生命を得ないまでも、死を理解することによって恐怖を克服しようとしている気がしてならない。

対して女性が書いた死に本はどうだろうか。現老い本界のもう一人のクィーンである佐藤愛子は、『ああ面白かったと言って死にたい　佐藤愛子の箴言集』(二〇一二)。瀬戸内寂聴は『死に支度』(二〇一四)。橋田壽賀子は、九十代で『安楽死で死なせて下さい』(前出・P25)を刊行した。下重暁子は『老いも死も、初めてだから面白い』(二〇一五)を出し、そして佐野洋子は『死ぬ気まんまん』(二〇一一)を。

そこに、死を分析してその恐怖を克服したい、といった気概は漂わない。人は死ぬものだから淡々と受け入れるだけ、という感覚が、女性の死に本タイトルからは見て取ることができる。

九十五歳で他界した橋田壽賀子に至っては、九十二歳の時点で、安楽死を望む書を出している。死がなかなか訪れないのもつらいことなのだ、という感覚を示して安楽死を望む同書は、議論を呼ぶところとなった。

中でも出色の死に本は、佐野洋子の『死ぬ気まんまん』である。名エッセイストであり絵本作家の著者は、二〇一〇年(平成二十二)にがんのため七十二歳で他界したが、本書には余命宣告を受けてからの日々を描いたエッセイや、担当医師との対談等が収められている。

がん再発の告知を受けた著者は、病院の帰りに外車屋へ直行し、「それ下さい」と、イングリッシュグリーンのジャガーを買っている。ずっと日本車に乗り続けてきたが、実はその色のジャガーこそが一番美しいと、ずっと思っていたのだ。

余命二年ということで、「最後の物欲」の発散だったその行為。しかし、二年よりも長く生きますと医師に言われると、

「そうなの? 困る、私。二年だというんで、そのつもりでお金全部使っちゃったんだも

ん」

と、笑うのだ。

六十代後半で余命宣告を受けた著者は、かつて経験したような苦しみを覚えるのだったら寿命が縮まった方がいいと、抗がん剤を拒否。余命宣告通りならば七十歳頃に死ぬことになるということで、「七十歳は、死ぬにはちょうど良い年齢である」と、著者は生涯で一番の幸福感を覚えるのだった。

そこに、強がる様子は漂わない。死ぬのが怖くないのかと友人に聞かれれば、

「えー、生きてる方がずっと疲れるし、めんどくさいじゃん」

と答えるのだ。

著者が余命宣告を受けたのは、高齢者医療制度が施行（二〇〇八年）された頃である。七十五歳以上は「後期高齢者」と言われるようになり、後期高齢者は、年金から医療保険が引かれるというその施策に、世は騒然となる。

高齢者医療制度の施行について、「年寄りは死ねということですか」と憤るバアさん（原文ママ）をテレビで見て、著者は「その通り」と叫ぶのだった。「役に立たなくなったものはいらないという国」に日本がなったことを嘆きつつ、「このごろ人は長生きし過ぎ」との感覚を、著者は抱く。

医師との対談において、

「それに無駄ですよ、寝たきりで百歳以上生きたりして」

と、思っている人はたくさんいても口に出しにくい実感を語り、

「なかなかそれを言ってくれる人がいないからねえ（笑）。言ってくれるのは、佐野さんぐらいですよ」

と、医師も応えている。

高齢者が厄介者となった世で、長生きしても敬われるわけでもないし、生きるのは面倒くさいし、という著者にとって、七十歳はまさに死ぬのに適した年齢。そんな年齢で死ぬことができるとは、

「私はとてもいい子で生きて来たにちがいない。神様も仏様もいるのである」

と書く、〝死ぬ気まんまん〟の著者。ジャンルとしては闘病記の類いなのかもしれないが、情に満ちながらも闘病記的湿気は感じさせない、稀有な死に本である。

対照的な二巨頭

死に対する感覚の男女差がよく現れているのは、曽野綾子と石原慎太郎という老い本界の二巨頭による対談集『死という最後の未来』である。二〇二〇年（令和二）に刊行された

当時、曽野は八十九歳、石原は八十八歳。売れっ子作家として同じ時代を過ごした二人だが、死に対して抱く感覚は、全く異なる。

曽野は、わからないことはわからないままにしておきたい、流されるように生きてきたので、死にも抗うことはしない、と語る。対して石原は、わからないことはとことん追求し、できないことは歯を食いしばってでもできるようにし、自分で自分の運命を切り拓きたいという人。だからこそ、石原は老いることも死ぬことも拒否したいのであり、「ねじ伏せるがごとく、老いを無視する。無視することでがむしゃらに生きたい」し、「貪欲に死の実相を探り尽くしたい」。

曽野は、所有という行為についても、恬淡としている。それまで書いてきた原稿は全て燃やした、と曽野が言うと、「僕は残したいですね」と石原。弟の裕次郎の記念碑の隣に自分の石碑も作り、そこに辞世の句を刻めと子供達に命じているというのだ。

脳梗塞の発症後、ヨットを手放した時の悲哀を、石原は語る。

「自分の人生が引き剝がされるような、何ともいえない悲しみ、せつなさがあったなあ」

という彼の述懐は、なかなか運転をやめてくれない高齢の父親を持つ子供達にとって、参考になるかもしれない。

また曽野は、長生きを望んでなどいないし、六十歳ぐらいからは健康診断も受けていないと語るのに対して石原は、朝起きたらまずタワシで全身をこすり、その後は様々なトレーニングを日々行っているという。

「太陽の季節の男が、今や斜陽の男になって（笑）。自分に鞭《むち》を当てて、しごいていくしかありません」

ということで、両者の感覚はことごとく交わらない。

石原「決してあきらめず心身を鍛え続けていこうと思っていますよ」

曽野「抗わないことに慣れるのも、楽ですよ」

石原「だから慣れたくはないんだ、僕は」

曽野「お気の毒」

という対話は、ほとんどコントである。

両者が交わらない理由を性差のみに見るのは乱暴だろうが、探求、開拓、所有に対する石原の飽くなき欲求は、男性性の一つの現れだろう。

その後、老いと死に抗い続けた石原は二〇二二年（令和四）に没する。石原の没後、「文藝春秋」二〇二二年四月号には、絶筆となった原稿「死への道程」が掲載された。

そこには、がんが再発してからの、石原の率直な気持ちが記されている。医師から余命三ヵ月と宣告されると、「以来、私の神経は引き裂かれたと言うほかない」。「頭の中ががんじがらめとなり思考の半ば停止が茶飯となり」という、「死に臨んでの狼狽」の中に著者は立つ。

生きることに貪欲であったからこそ、石原は余命宣告に狼狽《ろうばい》した。その様子は、強い男として石原をイメージする読者に、生と死の現実を突きつける。いつまで生き続けるかわからないことに半ば恐怖を抱き、「そんなに長生きはしたくない」と、死に対して恬淡とした姿勢を示す人が多い時代において、八十九歳にして見せる石原の生への執着は、生物としての根源を見るかのような、一種の畏怖を読者にもたらすのだ。

原稿の終わりに石原は、

「私として全くの終りの寸前に私の死はあくまでも私自身のものであり誰にもどう奪われるものでありはしない」

と書いた。人生の締めくくりに際して、死をも所有したいという石原の姿勢は、真の意味での〝男らしさ〟を示している気がしてならない。

四　老人と性

〝老いセックス〟を書いた文豪

日本は、高齢者の性に対する理解が進んだ国である。高齢者施設における色恋沙汰や、ラブホテルを利用する高齢者が多いことが語られても、

「まぁ、そういうものでしょう」

という反応の人が多いのであり、高齢者だからといって性的な欲求がすっかり枯れてしまうわけではないことが、よく知られている。

我が国において高齢者の性に対する理解が進んでいる理由の一つとして、有名作家達による、性にまつわる老い本の数々の存在をあげることができよう。日本では六十年以上前から、〝老いセックス〟関連の書籍が評価されてきたのだ。

老いセックス本が一種のブームとなったのは、一九六〇年代前半のこと。この時期、名だたる文豪達が、老いと性をテーマとした作品を書いている。

たとえば谷崎潤一郎の、『瘋癲《ふうてん》老人日記』（前出・P116）。一九六二年（昭和三十七）に刊行された本書は、当時七十代後半だった谷崎とほぼ同年代である、七十七歳の卯木督助

という男性が書いた日記の体裁をとる。

督助は、既に性的には不能となっている。しかし性的能力を失う代替かのように、別種の性的興味が心中に湧き上がっているのであり、

「不能ニナツテモ或ル種ノ性生活ハアルノダ」

「生キテヰル限リハ、異性ニ惹カレズニハヰラレナイ。コノ気持ハ死ノ瞬間マデ続クト思フ」

と、日記には書かれる。

彼は、同居している息子の嫁の颯子に、性的欲求を感じている。特に魅力を感じているのは颯子の脚であり、彼女の脚に触れたい、舐めたい、踏まれたいという妄想を督助は日々、膨らませる。

二人の間には一種の黙契《もっけい》のようなものが成立しており、「おじいちゃん」と呼ばれる督助は、颯子の家庭内奴隷のような立場にある。車や宝石を買い与え、シャワー後の颯子の脚を舐めさせてもらい、歓喜のあまり血圧が急上昇して「死ヌ、死ヌ」と思いつつも、督助は彼女の足指をしゃぶり続けるのだ。

死して後も、颯子の足に踏まれ続けたいと願う督助。やがて彼は、颯子の足型を取って仏足石とし、墓に設置しようとするが……。

督助の姿は、容易に谷崎を思い浮かばせるように描かれる。谷崎には実際、颯子的なミューズがいたようで、それは谷崎の義妹の息子の嫁である渡辺千萬子とされている。彼女との様々なやりとりは、谷崎に多大な刺激を与えた。

「谷崎が五体投地みたいにパタッと身を伏せて、頭を踏めとおっしゃったの」

とも千萬子は語っているのであり、この作品は、高齢になっても、そして性的能力を失っても、人は性的興奮を求め続けることを世に伝えた。

〝発見〟された「老年の性」

『瘋癲老人日記』とほぼ同時期に、川端康成もまた、老人と性にまつわる小説を書いている。一九六一年（昭和三十六）に刊行された『眠れる美女』がそれであり、主人公は六十七歳の江口という男。

舞台は、高齢男性が一夜を過ごしにやって来る、謎の家である。その家では、睡眠薬によってぐっすりと眠らされた裸の若い女性が布団に横たわっていて、老人はその娘と一晩、添い寝をするのだ。娘を起こさなければ何をしてもいいのだが、挿入行為は禁止されている。

江口はその家で初めての晩を過ごすと、つい二度目、三度目と、回を重ねていく。その家を利用するのは、既に性的能力を失った老人が多いようだが、江口はまだ「男でなくなってしまった老人」ではなかった。そのことを証明するため、眠っている娘と一度は事に及ぼうとするが、娘が処女であることを知って、行為を中断する。

何をしても起きることのない若い娘を高齢男性に添い寝させるというビジネスは、決して現実離れしたものではない。眠れる美女は、高齢者を嫌がらないし、性的能力の衰えを馬鹿にすることもない。彼女達は、彼等のプライドを傷つける心配がないのだ。

川端康成は当時、六十代前半。老いの階段を上りはじめた頃だ。江口と同様に、老いの哀しみを味わう一方で、「男でなくなってしまった」わけではないものの、老いがもたらす「厭世」と「寂寞《せきばく》」に見舞われるという状態だったのかもしれない。

このように、日本を代表する文豪である谷崎潤一郎と川端康成が、同じ時期に老人と性についての小説を書いたわけだが、ドナルド・キーンは、エッセイ「谷崎潤一郎の文学」において、『瘋癲老人日記』は「老年の性の問題を扱ったもの」であり、それは、「世界文学全般においても、私の知る限り唯一の例」

と書いている。老人と性の問題は、この時期に日本で〝発見〟されたのだ。

『瘋癲老人日記』や『眠れる美女』は、老人の性を扱った文学としては、世界でも最初期のもの。日本人は文豪達の作品によって「老人にも、性欲はある」という事実を提示され、それを受け止めようとした。

松本清張もまた、老人と性にまつわる短編を、同時期に書いている。一九六一年に発表された「老春」の舞台は、雑貨問屋を営む一家。息子夫婦と同居する七十八歳の重吉は若い女中に夢中になり、女中の私生活を監視するなど、ストーカーまがいの行動に出るようになっていく。

清張はその後も、高齢男性が女中に夢中になって常軌を逸した行動に出る、という内容の短編を二度書いている。当時はまだ、普通の家庭にも女中（その頃の言い方です）がいる時代だったのであり、家族からおろそかにされがちな高齢者が、自分の世話をしてくれる女中についグッとくる、という事例に清張は接したことがあったのだろう。

「老春」の中では、女中に夢中になる舅を見た嫁の比佐子が夫に、

「ねえ、あの年になっても性慾があるのかしら？」

と尋ねている。いくつになっても性欲が枯れない人がいるという事実を、比佐子は認識していないのだ。

おばあさんの性欲

一九六〇年代初頭は、このように「老人の性」元年だったと言うことができよう。老人

が性欲を持つのは異常なことではないという認識が、文豪達の小説によって、少しずつ日本人に浸透していった。

しかしこの頃に語られていたのはまだ、おじいさんの性についてのみだった。『瘋癲老人日記』は、おじいさんと嫁。『眠れる美女』は、おじいさんと若い娘。「老春」は、おじいさんと若い女中。……ということでどれも、若い女性に夢中になった高齢男性が、その若い肉体から生きる力をもらおうとする、という物語である。

当時の人々はまだ、おばあさんの性欲からは、目を逸らそうとしていた。が、当然ながら、性欲を持つのは高齢男性ばかりではない。高齢女性の中にも性欲を持つ人はいるが、その事実が広く知られるようになるまでは、相当の時をまたなくてはならない。

日本においては、老若を問わず、女性の性欲が「隠しておくべきもの」として捉えられる傾向がある。持っていても、開陳していいのは閨房《けいぼう》の中においてのみ。普段は、性欲など持っていないようには振る舞わないでほしいと男性は思い、女性も男性の欲求を察知して行動している。

そんな国において女性の性欲の存在が日の目を見たのは、一九八〇年代になってからだった。女性誌「ＭＯＲＥ」が企画した性にまつわる報告書「モア・リポート」によって、セックスから自慰行為まで、性に関する女性達の声が届けられ、女にも性欲はあるという事実が衆目を集めた。

しかし「モア・リポート」は、若い女性を対象にした調査だったのであり、高齢女性の性模様については依然、闇の中だった。その後も、皆が「若い女性は性欲を持っているとしても、まさかおばあさんはねぇ」と信じ続けて、さらに四半世紀が経過。そんな状況を揺さぶったのが、「婦人公論」である。

「婦人公論」別冊『快楽《けらく》白書　性に卒業はありますか』が刊行されたのは、二〇〇七年（平成十九）のこと。「大人のためのスローセックス入門」「〝勃たない〟という大問題」「更年期の性交痛を考える」といった特集が組まれ、中高年の性生活の悩みや問題に正面から取り組んだこの別冊は、大きな話題に。以降、十年以上にわたって「快楽白書」は刊行され続けることになる。

「婦人公論」本誌においても、ノンフィクション作家の工藤美代子が、中高年世代の性について連載していた。こちらは、六十代、七十代の女性の恋愛と性の模様を描いたノンフィクション。七十代になっても、アダルトグッズやセクシーな下着などを利用して、性を貪欲に愉しむ男女の姿が描かれ、『快楽　更年期からの性を生きる』（二〇〇六）『快楽Ⅱ　熟年性愛の対価』（二〇一二）は、ともにベストセラーとなる。これら「快楽」ムーブメントは、女性も年齢に関係なく性欲を持って当たり前であることを印象づけると同時に、大人には大人のセックスの方法があることも知らしめた。

一九六〇年代初頭に文豪達が描いたのは、高齢男性が若い女性を追い求める小説だったが、それから四十年余が経過すると、事情も変化していた。若い女を求める高齢男性は依然、存在し続けていたではあろうが、高齢者同士で性的コミュニケーションを愉しむ人々の姿も、明らかになったのだ。

二〇一〇年代ともなると、男性誌もそのようなムーブメントに応えるかのような動きを見せてくる。「週刊現代」「週刊ポスト」といった週刊誌は、かつてはサラリーマンに若い女性のヌードグラビアを提供する役割を担っていたが、この頃になると、

「死ぬまでSEX　『年齢的な限界』は男も女もない」

「集中講座　熟年のSEX」

「特養老人ホームの『夜とセックス』」

「60歳過ぎてもできる　あの素晴らしいセックスをもう一度！　みんな、ちょっとヘンタイでいいんだよ／中折れ上等！　勃たなくても怒らないよ／妻が驚く、妻が求める」

といった特集が目立つように。読者の年齢層が上昇した結果、男性向け週刊誌も、高齢者同士でのセックスを意識するようになってきた。

ある程度の年齢が来たら、セックスは引退するもの。だからこそ寿命が延びるにつれ、

セックスをせずに過ごす時間も長くなるもの。……と思われていた日本。そんな日本の高齢者に対して、男性向け週刊誌は「それでいいのか」という問題を提起した。その手の週刊誌では、若い女性と『瘋癲老人日記』的な夢を叶えることができる人は一握りしかいないということで、中高年同士、特に夫婦でのセックスを見直そうという動きに出たのではないか。

性からは引退しなくても

かくして、高齢女性もまた性欲を持ち、性的コミュニケーションを愉しんでいることが知られるようになったのだが、そんな状況を表現する小説が、二〇二一年（令和三）に刊行された松井久子『疼くひと』である。この小説の主人公は、七十歳になった脚本家の燿子。フェイスブックにおいて十五歳年下の男と知り合った彼女は、メッセージを盛んにやりとりするようになり、やがて直接会うことに。

燿子は、セックスに対する意識が高い女性である。風呂上がりには入念にマッサージするなど性器の手入れも怠らず、

「もう何年もそれを続けているおかげで、燿子のヴァギナは七十歳を迎える今も、常にみずみずしく潤いを帯びていた」

という状態なのだ。

燿子に自信があったせいだろう、十五歳差の二人は、初めて会ったその日に性行為に及ぶ。燿子もそれを見越して、いわゆる勝負下着を身につけているのだ。

それほどの準備をしているのに、極度の緊張は、燿子に性交痛をもたらした。しかし二人は困難を乗り越え、次第に素晴らしいセックスをするようになっていく。

七十代女性にレディースコミックのような夢をもたらしたこの作品はおおいに話題となり、ベストセラーに。翌年には、七十五歳になった燿子の愛と性が描かれた『最後のひと』が刊行された。

続編では、後期高齢者となった燿子に、交際相手はいない。気ままな一人暮らしの中で、「時折のマスターベーションにひたれば、それで十分」という状態なのだ。

しかしひょんなことから出会った八十六歳の男と、燿子は恋におちる。男性に勃起能力は無いが、それでも肉体のふれあいにより、二人は性的な満足を得ていき、一種のハッピーエンドを迎えることに。

燿子はこのように、ぐっと年下の男性とのセックスも、勃起能力を失った男性とのセックスも愉しむことができる七十代なのだった。彼女の姿は、性的興味を失っていない世の高齢女性達を、おおいに励ましたに違いない。

「週刊現代」等にも、男性の勃起能力問題に関しては、しばしば取り上げられている。『瘋癲老人日記』では、自身が不能であることが冒頭に記されていた。『眠れる美女』には、自身が「男でなくなってしまった老人」ではないこと、すなわち勃起能力はあることが何度も書かれている。

前節でも取り上げた、石原慎太郎が余命宣告を受けた時に「文藝春秋」に書いた絶筆原稿にも、勃起能力について触れられている。ここで石原は、死を提示された衝撃を切々と書く一方で、

「幸い私は今のところ性的に不能でもない」

と、勃起能力を堅持していることについて、さりげなくしかし自慢気に触れているのだ。読者からすれば、石原の性的能力の多寡などどうでもいいことなのだが、男性としては「死を間近に控えていながら、性的に不能ではない自分」については、きちんと読者に説明しないではいられなかったのだろう。

女性の中には、生理が止まった時に「女でなくなった」と自身を評する人がいる。対して男性は、勃起しなくなることを「男ではなくなった」と表現するようであり、そのショックは女性には理解できないものらしい。

しかし寿命が延び、様々な手段を駆使して人生の暇つぶしをしなくてはならなくなった

時代、男であること、女であることを引退する必要は薄れてきたのではないか。排卵が為されなくなろうと、海綿体が充血しなくなろうと、女は女であり、男は男。こわばってしまったり、ふにゃふにゃだったりする性器も互いにいたわりつつ、ゆっくり優しく性的コミュニケーションにトライする高齢者の姿を描く〝老いセックス本〟は、セックスのことは頭から追い出さなくてはならない、と思っている高齢者にとって、多くの刺激とヒントを与えてくれる気がしてならない。

おわりに

老い本は不安と希望のしるし――ぴんころ地蔵と姨捨山を訪ねて

敬老の日に隠された危惧

「敬老の日」とともに、私は生まれた。私がこの世に誕生したまさにその日、「敬老の日」という祝日が新しく制定されたのであり、親は私の名前を「敬子」にしようかと一瞬考えたのだそう。

敬老の日制定の契機となったのは、兵庫県の野間谷村《のまだにむら》（現・多可町《たかちょう》）で、当時の村長が発案した「としよりの日」である。戦後の混乱期、子供を戦争に送って精神的に疲弊していた親達をなぐさめようと、村長は九月十五日を「としよりの日」とし、五十五歳以上の人を対象に敬老会を開催する。高齢者に敬意を払い、その経験や知識を伝授してもらおうとしたのだ。

村長はやがて、「としよりの日」を全国に広めようと、国に働きかける。その活動が功を奏し、一九六六年（昭和四十一）より、九月十五日は「敬老の日」となった（現在は移動祝日）。

一九六六年に敬老の日が誕生したのは、たまたまのタイミングだったのかもしれない。

しかしその頃から高齢者の存在感が変化し、「高齢者を敬いましょう」と国が号令をかけなくては敬われなくなりつつあったのではないか、とも私は思う。

マンガ『いじわるばあさん』は、敬老の日が誕生した年から連載が始まっているが、いじわるばあさんは時に息子達から邪魔もの扱いされ、寂しさに涙を落としたりしている。戦後、若さや新しさの価値がどんどん上昇する一方で、機械化等が進むことによって、高齢者が積み上げてきた経験や知識の価値は下落。平均寿命の延伸により、高齢者の希少さも薄れていく。

近年、高齢者の希少性はますます薄まっている。デジタル化からは取り残され、コンプライアンス感覚やポリコレ意識の大幅な変化により、高齢者＝旧弊という感覚も強まった。敬老の日の必要性は、ますます強まっていると言えよう。

高齢者自身も、社会において自分達がどのような存在であるかを、強く意識するようになってきた。日本人はそもそも、「他人に迷惑をかけてはならない」と幼少期より強く叩き込まれて育つが、その意識は高齢になるにつれ強まり、「年をとって他人に迷惑をかけたらどうしよう」という恐怖心を誰もが抱いている。

日本でかくも大量の老い本が刊行される背景にはこのように、世界有数の長寿国という事実、そして「迷惑をかけてはならじ」という感覚の尋常でない強さとがある。老後に他人に迷惑をかけないようにするために、そして「もしも迷惑をかけてしまったら」という恐怖に打ち勝つために、人は老い本を読むのだ。

他人に迷惑をかけたくない高齢者が目標とする、最終到達点。それは「ぴんぴんころり」である。認知症になったり、長期にわたり寝たきりになったりすることが、高齢者にとっては最大の恐怖。「ぴんぴん」と、すなわち健康なままで過ごし、ある日「ころり」と突然死というのが、日本の高齢者の理想の末期である。

そこで私は、「ぴんぴんころり」の本場である長野を訪れることにした。日本有数の長寿県として知られる長野だが、この県における長寿は、ぴんぴんころり思想とセットで推進されている。その現場を、見てみよう。

佐久市の本気「ぴんころ活動」

新幹線を下車したのは、佐久平駅。コロナ禍以降、東京への近さなどから若い移住者が増えているという佐久市だが、この地は県内でもトップクラスのご長寿地帯である。

市役所を訪れてお話をうかがうと、塩分の高い漬物などを多く摂取していたため、かつては佐久市も脳卒中による死亡率が高かったのだそう。その状況を改善すべく、栄養指導等を行うことによって、平成に入った頃には、佐久市の男性の平均寿命は長野県トップになった。

佐久では、「ぴんぴんころり」を略した「ぴんころ」という言葉を、しばしば目にする。ウォーキングのイベントは「ぴんころウォーク」。健康長寿に効く運動は「ぴんころ健康長寿体操」。おすすめメニューは「ぴんころ食」で、市内では、管理栄養士お墨付きの「ぴんころ御膳」が供される店もあるというではないか。

死に方を表す「ぴんぴんころり」だが、佐久における「ぴんころ」の使われ方は明るい。佐久の人々は、「ぴんころ」を常に念頭におくことによって、明るいメメント・モリ状態にあるのだ。

ぴんころ御膳が食べてみたい、と向かったのは、市内の中華レストラン「竹とんぼ」である。中華というと、こってりイメージがあるが、こちらが標榜するのは「健康応援レストラン」。

お店は、此方に八ヶ岳、彼方に浅間山をのぞむ田んぼの中という爽快なロケーションにあった。そこで出てきたぴんころ御膳（要予約）の内容は、自家製生ハムと自家栽培野菜のサラダ、佐久鯉の甘酢あんかけ、佐久市産五郎兵衛米の米粉に熊笹の粉を練りこんだ麺のあえ麺、そして甘酒の杏仁豆腐。塩分とカロリーは控えめ、野菜とたんぱく質はたっぷりで、「家の近くにこの店があったら」と思う味だった。

ぴんころ御膳の滋味に、「ぴんぴんころり」に対する佐久市民の本気ぶりを実感した私が次に向かったのは、ぴんころ地蔵である。このお地蔵様は観光客にも人気で、観光バスで来る人もいるのだそう。

ぴんぴんころりを神仏に祈りたい気持ちは、よくわかる。いくら食や運動に気をつけても、人は自分の死に方をコントロールできない。最後は神仏の采配がものを言うことを考えれば、ぴんころ地蔵が人気になるのも当然だろう。

ぴんころ地蔵は、市の中心部にほど近い、成田山薬師寺の参道に位置していた。思ったよりも小さく、そして新しい。聞けばこのお地蔵様は、地元商店街の方々の発案によって、二〇〇三年（平成十五）に建立されたのだそう。

成田山薬師寺参道にある「ぴんころ地蔵」

当時は、日本で高齢化率が二割をこえようとしていた時代。佐久市では、二〇〇七年（平成十九）から「ぴんころ運動推進事業」として、健康長寿のための様々なぴんころ活動を行うようになったが、それよりも先に商店街の人々は高齢者のぴんころ欲求を敏感に察知し、お地蔵様を建立していた。

お参りの仕方として、手を合わせ頭を下げた後、お地蔵様と顔を見合わせて頭を撫でるように、と書いてあったので、私も実行。自分のぴんころを、真剣に祈る。

真夏、かつ台風が近づいていたので観光客はあまり多くなかったが、ぴんころグッズが売られる土産物店等もあって、「ぴんころ」はこの地で一つの産業になっていることが見て取れる。高齢者の間で膨らみ続けるぴんころ願望の受け止め手として、このお地蔵様は誕生したのだ。

ぴんころ地蔵から中込駅まで歩く道すがら、公民館の軒先で、地元の高齢女性達が、自作の野菜を売る小さな市を開いていた。

「見てって〜」

との声にひかれて覗くと、色艶の良い野菜達のかたわらに、自家製黒にんにくがあった。市販のものより激安であり、

「毎日一粒食べれば元気になるよ!」

と言われてつい購入した私。神頼みと黒にんにくの合わせ技で、ぴんころ確定である。

世が世なら、もうすぐ捨てられる

翌日は、長野駅から篠ノ井線で六駅目の、姨捨へ向かった。鉄道ファンには、日本で数

少ないスイッチバックの駅として、そして絶景駅として知られる姨捨駅。しかし老いの入り口に立つ者として気になるのはもちろん、その駅名である。そう、この地には姥捨て伝説が伝わっているのだ。

標高五百五十一メートルの姨捨駅に降り立つと、目の前に広がるのは善光寺平の絶景。……であるはずだが、台風が接近しているその日、もやがかかって絶景はよく見えない。ほど近くの棚田は、田毎の月で知られる名所だが、そちら側もぼんやりとしている。

明治時代に建てられた当時のデザインを守る駅舎は味わい深く、事務所に入ると、地元の高齢男女がお茶を出してくださった。

「これ食べて。私が作ったの」

と、かぼちゃの素揚げとリンゴまで。

姨捨の駅名は、第一章（一　迷惑をかけたくない――『楢山節考』）にも記したように、『大和物語』『今昔物語集』にある伝説に由来する。昔、年寄り嫌いの殿様が「六十歳になった年寄りは山に捨てよ」とのお触れを出した。ある男が、老いた母を背負って泣く泣く山を登ると、母はところどころで木の枝を折っている。

深い山中で母を下ろした後、男が下山する頃には日が沈んで道も見えなくなったが、「さっき、木の枝を折ってきた。それを辿ってお帰り」と母。母の愛が身に沁みた男は辛抱たまらず、母を家に連れて帰った。

その後、殿様が危機に陥った時、老いた母の知恵が、殿様を救う。そこで殿様は老人の知恵のありがたみに気づき、年寄りを捨てよというお触れを取り下げた……。

駅に掲げられた姥捨て伝説を読んで改めてしみじみしてから、駅近くの姨捨孝子観音を訪れた。ぴんころ地蔵よりもずっと大きなこの観音像は、一九六一年（昭和三十六）に建立されている。ちなみにそれは、深沢七郎『楢山節考』刊行の四年後のこと。

『楢山節考』は、小説のみならず、翌年に公開された木下恵介監督による映画も大ヒットした。主人公のおりんばあさんを田中絹代が演じたこの映画は、国際的にも高い評価を得ている。

『楢山節考』の大ヒットによって、姥捨て伝説は広く知られるようになったと思われるが、観音像と共にある石碑に刻まれた文章には、伝説が人口に膾炙したことへの困惑が漂う。まずは姥捨て伝説を紹介した後に、この話は「孝子美談」なのであり、「世に言ふ非道の伝説は誤」であるからして、「之を是正せんが為」に観音像をつくり、「孝子の誉を永く残さんとする所以《ゆえん》なり」とあるのだ。

『楢山節考』の大ヒットにより、姨捨の地には、「親を山に捨てていたとはけしからん」といった誹謗中傷が寄せられたに違いない。棄老とはすなわち人工的ぴんころ行為と言うことができるが、ぴんころはあくまで天に任せなくてはいけないのだ。

姥捨て伝説が伝わるのは、姨捨だけではない。また姨捨で実際にそのようなことが行われたかどうかも、定かではない。にもかかわらず当時は多くの誤解が生まれ、その誤解を解くべく建てられた孝子観音像は、「姥捨て伝説は、親を捨てる話ではなく、親孝行の話なのだ」と、今もアピールを続けている。

伝説で老母が捨てられた山は、姨捨山とも言われる冠着山《かむりきやま》とされている。どのような山なのか見てみたいと思ったが、あいにく台風の影響で、豪雨になってきた。タクシーの運転手さんは、

「冠着山、行ったことないなぁ」

ということだが、近くまで行ってもらうようお願いする。

上山田《かみやまだ》温泉の方から上ってみるも、冠着山への道は、崩落があったとのことで通行止めとなっていた。反対方面からもう一度トライすると、何とか冠着山に近づいていくことができた。うねうねと山を登る道は細く、強い風雨と霞んだ空気の中を走るのが怖くなるほど。

こんな場所に、捨てられた(のかもしれない)のか……。と、カーブの連続で少し車に酔いながら、私は窓の外を見ていた。『楢山節考』のおりんばあさんは六十九歳で山に行ったが、伝説によっては、六十歳で捨てられるケースもある。二〇二四年(令和六)時点で五

十八歳の私としては、まったくもって他人事《ひとごと》ではない。令和のアラ還（＝私）はヒップホップダンスの教室でNewJeans《ニュージーンズ》など踊っているが、世が世なら、もうすぐ山に捨てられる年齢であるという事実が、身に沁みる。

　本書を書きつつ実感したのは、老い本は、高齢者だけを読者対象にしているわけではない、という事実だった。高齢者ではないものの老いが視野に入ってきた私くらいの年頃の人もまた、老い本の読者である。

　雑誌世代の我々は、若い頃は自分の実年齢よりも少し上をターゲットとした雑誌を読むことがよくあった。少し背伸びをしたい、自分がこれから行く世界を見ておきたい、という気持ちがあったのだ。

　同じように我々は今も、少し上の世代向けの老い本のことが気になっている。老い本の出版がこれだけ盛んなのは、高齢者が活字世代だからという理由があるが、我々もまた活字世代の一員である。

　老い本は既に書き尽くされたのではないか、という話もあろう。しかし老い本は、これからますます、盛んに供給され続けるに違いない。日本人の寿命はまだ延びるだろうし、高齢化率も上がり切っていない。時代が進むにつれて次々と新たな老いスターが誕生し、日本はますます老い本大国になっていくはずだ。

老い本に導かれ、励まされ、また尻を叩かれながら人生の着地点を目指す、日本の高齢者。日本の高齢者が老いに対する不安を強めれば強めるほど、老い本業界は盛んになっていく。老い本の量が示すのは、日本の高齢者が抱く「よりよく生きたい」という希望の量。高齢者とその予備軍の方々にとって、本書が老い本選びの一助となれば幸いである。

本書の刊行にあたっては、負け犬盛りの頃から共に歩んでくださった、講談社の井本麻紀さんに大変お世話になった。冠着山での豪雨に井本さんと顔を見合わせた後に空が晴れ、共に眺めた善光寺平の絶景を、これから老いの道を歩む中で、私は何度も思い浮かべることだろう。

酒井順子

二〇二四年　秋

老い本年表

※本書に掲載されている老い本のほか、ベストセラーとなった主な老い本（健康実用系は除く）、高齢者に関するトピックを記載した。各年の男女の数字は、日本人の平均寿命（歳）を示す。

一九五七年（昭和三十二） 〈男63・24　女67・60〉

『楢山節考』深沢七郎
『停年の設計』福原麟太郎（編）

一九五九年（昭和三十四） 〈男65・21　女69・88〉

『停年前後の財産計画』三田村利治（編）

一九六一年（昭和三十六） 〈男66・03　女70・79〉

『眠れる美女』川端康成

一九六二年（昭和三十七） 〈男66・23　女71・16〉

『瘋癲老人日記』谷崎潤一郎

一九六三年（昭和三十八） 〈男67・21　女72・34〉

『停年退職』源氏鶏太
・老人福祉法制定

一九六四年（昭和三十九） 〈男67・67　女72・87〉

『断腸亭日乗』永井荷風

一九六六年（昭和四十一） 〈男68・35　女73・61〉

・敬老の日、国民の祝日に

一九六八年（昭和四十三） 〈男69・05　女74・30〉

『いじわるばあさん』長谷川町子（一九七二年までに全六巻刊行）

一九六九年（昭和四十四） 〈男69・18　女74・67〉

『娘につたえる私の味』辰巳浜子

一九七二年（昭和四十七） 〈男70・50　女75・94〉

『恍惚の人』有吉佐和子

一九七六年（昭和五十一） 〈男72・15　女77・35〉

『おばあさんの知恵袋』桑井いね（西川勢津子）

一九八二年（昭和五十七） 〈男74・22　女79・66〉

・老人保健法制定

一九八五年（昭和六十） 〈男74・78　女80・48〉

『泉重千代物語　不老長寿学の提言』八木俊一

『老熟家族』佐江衆一

『老いを創《はじ》める』日野原重明

一九八六年（昭和六十一）〈男75・23　女80・93〉

『美しく老いる』吉沢久子

一九八八年（昭和六十三）〈男75・54　女81・30〉

『わたしの献立日記』沢村貞子

一九九一年（平成三）〈男76・11　女82・11〉

『寄り添って老後』沢村貞子

一九九二年（平成四）〈男76・09　女82・22〉

『死ぬまでになすべきこと　子供や配偶者はあてになりません』式田和子

一九九三年（平成五）〈男76・25　女82・51〉

『きもの』幸田文

一九九四年（平成六）〈男76・57　女82・98〉

『大往生』永六輔

一九九五年（平成七）〈男76・38　女82・85〉

『黄落』　佐江衆一

『私何だか死なないような気がするんですよ　心とからだについての282の知恵』宇野千代

一九九六年（平成八）〈男77・01　女83・59〉

『黄昏流星群』弘兼憲史（二〇二四年十一月までに七十四巻刊行）

一九九七年（平成九）　〈男77・19　女83・82〉

・介護保険法制定

一九九八年（平成十）　〈男77・16　女84・01〉

『老人力』赤瀬川原平

『定年ゴジラ』重松清

一九九九年（平成十一）　〈男77・10　女83・99〉

『妻と私』江藤淳

二〇〇〇年（平成十二）　〈男77・72　女84・60〉

・介護保険制度スタート

二〇〇一年（平成十三）　〈男78・07　女84・93〉

『生きかた上手』日野原重明

二〇〇二年（平成十四）　〈男78・32　女85・23〉

『人生百年　私の工夫』日野原重明

『老いてこそ人生』石原慎太郎

二〇〇三年（平成十五）　〈男78・36　女85・33〉

『八十五歳、老いを楽しむ人づきあい』吉沢久子

二〇〇四年（平成十六）〈男78・64　女85・59〉
『佐賀のがばいばあちゃん』島田洋七（増訂版）
『残花亭日暦』田辺聖子
『死の壁』養老孟司
・「『痴呆』に替わる用語に関する検討会」（厚生労働省）により、「痴呆症」を「認知症」に名称変更

二〇〇六年（平成十八）〈男79・00　女85・81〉
『快楽　更年期からの性を生きる』工藤美代子

二〇〇七年（平成十九）〈男79・19　女85・99〉
『林住期』五木寛之
『おひとりさまの老後』上野千鶴子

二〇〇八年（平成二十）〈男79・29　女86・05〉
『90歳。一人暮らしをたのしんで生きる』吉沢久子
『そうか、もう君はいないのか』城山三郎
・後期高齢者医療制度がスタート

二〇〇九年（平成二十一）〈男79・59　女86・44〉
『91歳。今日を悔いなく幸せに』吉沢久子
『どうせ、あちらへは手ぶらで行く』城山三郎

二〇一〇年（平成二十二）〈男79・55　女86・30〉

『老いの才覚』曽野綾子
『孤舟』渡辺淳一
『92歳。小さなしあわせを集めて生きる』吉沢久子
『女、一生の働き方　貧乏ばあさん（BB）から働くハッピーばあさん（HB）へ』樋口恵子

二〇一一年（平成二十三）〈男79・44　女85・90〉

『死を語り生を思う』五木寛之
『死ぬ気まんまん』佐野洋子
『快楽Ⅱ　熟年性愛の対価』工藤美代子
『ああ面白かったと言って死にたい　佐藤愛子の箴言集』佐藤愛子
・高年齢者雇用安定法改正。希望労働者全員の65歳までの継続雇用を義務化
・「終活」が新語・流行語大賞トップテン入り

二〇一二年（平成二十四）〈男79・94　女86・41〉

『オレって老人？』南伸坊

二〇一三年（平成二十五）〈男80・21　女86・61〉

『死に支度』瀬戸内寂聴

二〇一四年（平成二十六）〈男80・50　女86・83〉

『一〇三歳になってわかったこと　人生は一人でも面白い』篠田桃紅
『下流老人　一億総老後崩壊の衝撃』藤田孝典

二〇一五年（平成二十七）〈男80・75　女86・99〉

『終わった人』内館牧子
『おじいさんになったね』南伸坊
『自由に老いる　おひとりさまのあした』海老坂武
『老後の資金がありません』垣谷美雨
『死はこわくない』立花隆
『老いも死も、初めてだから面白い』下重暁子

二〇一六年（平成二十八）〈男80・98　女87・14〉

『九十歳。何がめでたい』佐藤愛子
『弘兼流　60歳からの手ぶら人生』弘兼憲史
『弘兼憲史流「新老人」のススメ』弘兼憲史
『ライフ・シフト　１００年時代の人生戦略』リンダ・グラットン／アンドリュー・スコット（池村千秋訳）

二〇一七年（平成二十九）〈男81・09　女87・26〉

『安楽死で死なせて下さい』橋田壽賀子
『夫の後始末』曽野綾子
『おらおらでひとりいぐも』若竹千佐子
『媚びない老後　親の本音を言えますか？』桐島洋子
・内閣官房に「人生１００年時代構想会議」を設置
・ドラマ『やすらぎの郷』（テレビ朝日系）放送

二〇一八年（平成三十）〈男81・25　女87・32〉

『すぐ死ぬんだから』内館牧子
『50歳からの時間の使い方』弘兼憲史
『人生は70歳からが一番面白い』弘兼憲史

二〇一九年（平成三十一／令和元） 〈男81・41　女87・45〉

『ボクはやっと認知症のことがわかった　自らも認知症になった専門医が、日本人に伝えたい遺言』長谷川和夫・猪熊律子
『俺たちの老いじたく　50代で始めて70代でわかったこと』弘兼憲史
『老人初心者の覚悟』阿川佐和子
『いくつになっても　トシヨリ生活の愉しみ』中野翠
『58歳から　日々を大切に小さく暮らす』ショコラ
『カッコよく年をとりなさい　グレイヘア・マダムが教える30のセオリー』川邉サチコ
『交通誘導員ヨレヨレ日記　当年73歳、本日も炎天下、朝っぱらから現場に立ちます』柏耕一
・**金融庁、「老後資金に夫婦世帯で2000万円必要」**
・**「免許返納」が新語・流行語大賞トップテン入り**

二〇二〇年（令和二） 〈男81・56　女87・71〉

『一人暮らしパラダイス　熟年世代の「第二の人生」』弘兼憲史
『ジジイの片づけ』沢野ひとし
『マンション管理員オロオロ日記　当年72歳、夫婦で住み込み、24時間苦情承ります』南野苑生
『死の教科書　心が晴れる48のヒント』五木寛之
『死という最後の未来』石原慎太郎・曽野綾子

二〇二一年（令和三）　〈男81・47　女87・57〉

『在宅ひとり死のススメ』上野千鶴子
『老いの福袋　あっぱれ！ころばぬ先の知恵88』樋口恵子
『70歳が老化の分かれ道　若さを持続する人、一気に衰える人の違い』和田秀樹
『認知症世界の歩き方　認知症のある人の頭の中をのぞいてみたら？』筧裕介（監修／認知症未来共創ハブ：樋口直美ほか）
『死ぬまで、働く。97歳・現役看護師の「仕事がある限り働き続ける」生き方』池田きぬ
『65歳から心ゆたかに暮らすために大切なこと』ショコラ
『イン・マイ・ライフ』吉本由美
『大事なものから捨てなさい　メイコ流　笑って死ぬための33のヒント』中村メイコ
『終活なんか、するもんか』みのもんた
『九十歳のラブレター』加藤秀俊
『硝子戸のうちそと』半藤末利子
『月夜の森の梟《ふくろう》』小池真理子
『疼くひと』松井久子

二〇二二年（令和四）　〈男81・05　女87・09〉

『80歳の壁』和田秀樹
『最期まで在宅おひとりさまで機嫌よく』上野千鶴子
『マンガでわかる！　認知症』和田秀樹
『ぼけと利他』伊藤亜紗・村瀬孝生
『ミシンと金魚』永井みみ

『老いの正体　認知症と友だち』森村誠一
『ペガサスの記憶』桐島洋子、桐島かれん、桐島ノエル、桐島ローランド
『60歳からはやりたい放題』和田秀樹
『弘兼流　60歳から、好きに生きてみないか』弘兼憲史
『60歳、女、ひとり、疲れないごはん』銀色夏生
『60歳、ひとりを楽しむ準備　人生を大切に生きる53のヒント』岸本葉子
『71歳、年金月5万円、あるもので工夫する楽しい節約生活』紫苑
『87歳、古い団地で愉しむひとりの暮らし』多良美智子
『捨てない生きかた』五木寛之

二〇二三年（令和五）〈男81・09　女87・14〉

『102歳、一人暮らし。　哲代おばあちゃんの心も体もさびない生き方』石井哲代・中国新聞社
『ほどよく忘れて生きていく　91歳の心療内科医の心がラクになる診察室』藤井英子
『87歳、現役トレーダー　シゲルさんの教え　資産18億円を築いた「投資術」』藤本茂
『マンガ　ぼけ日和』矢部太郎（原案・長谷川嘉哉）
『ぼっち死の館』齋藤なずな
『草笛光子　90歳のクローゼット』草笛光子
『100歳で夢を叶える』木村美幸
『60歳からの「忘れる力」』鎌田實
『60代、かろやかに暮らす』岸本葉子
『88歳ひとり暮らしの 元気をつくる台所』多良美智子
『66歳、家も人生もリノベーション　自分に自由に　水辺の生活』麻生圭子

『八ヶ岳南麓から』上野千鶴子
『障害者支援員もやもや日記　当年78歳、今日も夜勤で、施設見回ります』松本孝夫

二〇二四年（令和六）

『老いの上機嫌　90代！　笑う門には福来る』樋口恵子
『うまく老いる　楽しげに90歳の壁を乗り越えるコツ』樋口恵子・和田秀樹
『１０３歳、名言だらけ。なーんちゃって　哲代おばあちゃんの長う生きてきたからわかること』石井哲代・中国新聞社
『91歳5か月　いま想う　あの人　あのこと』岸恵子
『老後ひとり難民』沢村香苗
『妻より長生きしてしまいまして。　金はないが暇はある、老人ひとり愉快に暮らす』ぺこりーの
『61歳で大学教授やめて、北海道で「へき地のお医者さん」はじめました』香山リカ

N.D.C. 914　236p　18cm
ISBN978-4-06-537856-4

写真（P 67）：毎日新聞社／アフロ

講談社現代新書　2759

老《お》いを読《よ》む　老《お》いを書《か》く

二〇二四年一一月二〇日第一刷発行　二〇二五年三月一二日第三刷発行

著　者　酒《さか》井《い》順《じゅん》子《こ》 ©Junko Sakai 2024

発行者　篠木和久

発行所　株式会社講談社
東京都文京区音羽二丁目一二—二一　郵便番号一一二—八〇〇一

電　話　〇三—五三九五—三五二一　編集（現代新書）
〇三—五三九五—五八一七　販売
〇三—五三九五—三六一五　業務

装幀者　中島英樹／中島デザイン

印刷所　株式会社ＫＰＳプロダクツ

製本所　株式会社国宝社

定価はカバーに表示してあります　Printed in Japan

「講談社現代新書」の刊行にあたって

教養は万人が身をもって養い創造すべきものであって、一部の専門家の占有物として、ただ一方的に人々の手もとに配布され伝達されうるものではありません。

しかし、不幸にしてわが国の現状では、教養の重要な養いとなるべき書物は、ほとんど講壇からの天下りや単なる解説に終始し、知識技術を真剣に希求する青少年・学生・一般民衆の根本的な疑問や興味は、けっして十分に答えられ、解きほぐされ、手引きされることがありません。万人の内奥から発した真正の教養への芽ばえが、こうして放置され、むなしく滅びさる運命にゆだねられているのです。

このことは、中・高校だけで教育をおわる人々の成長をはばんでいるだけでなく、大学に進んだり、インテリと目されたりする人々の精神力の健康さえもむしばみ、わが国の文化の実質をまことに脆弱なものにしています。単なる博識以上の根強い思索力・判断力、および確かな技術にささえられた教養を必要とする日本の将来にとって、これは真剣に憂慮されなければならない事態であるといわなければなりません。

わたしたちの「講談社現代新書」は、この事態の克服を意図して計画されたものです。これによってわたしたちは、講壇からの天下りでもなく、単なる解説書でもない、もっぱら万人の魂に生ずる初発的かつ根本的な問題をとらえ、掘り起こし、手引きし、しかも最新の知識への展望を万人に確立させる書物を、新しく世の中に送り出したいと念願しています。

わたしたちは、創業以来民衆を対象とする啓蒙の仕事に専心してきた講談社にとって、これこそもっともふさわしい課題であり、伝統ある出版社としての義務でもあると考えているのです。

一九六四年四月　野間省一

知的生活のヒント

M

日本語・日本文化

105 タテ社会の人間関係　中根千枝
293 日本人の意識構造——会田雄次
444 出雲神話——松前健
1193 漢字の字源——阿辻哲次
1200 外国語としての日本語——佐々木瑞枝
1239 武士道とエロス——氏家幹人
1262 「世間」とは何か——阿部謹也
1432 江戸の性風俗——氏家幹人
1448 日本人のしつけは衰退したか——広田照幸
1738 大人のための文章教室　清水義範
1943 なぜ日本人は学ばなくなったのか——齋藤孝
1960 女装と日本人——三橋順子
2006 「空気」と「世間」——鴻上尚史
2013 日本語という外国語　荒川洋平
2067 日本料理の贅沢——神田裕行
2092 新書　沖縄読本——下川裕治 仲村清司 著・編
2127 ラーメンと愛国——速水健朗
2173 日本人のための日本語文法入門——原沢伊都夫
2200 漢字雑談——高島俊男
2233 ユーミンの罪——酒井順子
2304 アイヌ学入門——瀬川拓郎
2309 クール・ジャパン!?　鴻上尚史
2391 げんきな日本論——橋爪大三郎 大澤真幸
2419 京都のおねだん——大野裕之
2440 山本七平の思想——東谷暁

P